C'est avec grand plaisir que je t'offre ce livre qui dévoile sans prétention les réalisations de beaucoup d'hommes et de femmes qui donnent leur vie et leurs talents pour que le monde soit meilleur.

Que ta maman et mon papa nous aident à en faire autant.

Claire

Malakoff,
Pâques 2011

ÉCONOMIE DE COMMUNION

Mouvement des Focolari

ÉCONOMIE DE COMMUNION

Des entreprises osent le partage

vie des hommes

nouvelle cité

Composition : Nouvelle Cité
Couverture : Laurent Boudre

Domaine d'Arny – 91680 Bruyères-le-Châtel

ISBN 9782853135344

Siobhan Coyle, 22 ans, écossaise, était venue contribuer à l'économie de communion en faisant un stage dans l'entreprise Ancilla de conseil en management, aux Philippines; elle y travaillait depuis huit mois quand, le 28 juillet 1999, en se rendant chez un client, une exploitation minière isolée dans une région montagneuse, elle trouva la mort avec deux collègues d'Ancilla dans un accident d'avion. Les secours ont retrouvé leurs corps dans les restes calcinés de l'avion, et, à peine mouillé, intact, le journal personnel qu'elle tenait. Voici un extrait de ce qu'elle avait écrit la veille du drame :

Pourquoi moi, pourquoi une telle chance,
Pourquoi tant de bonheur…
Dieu, je pense que tu m'as trop donné.
Ta générosité me bouleverse
Mais elle me fait aussi peur…
Peut-être que beaucoup de souffrances m'attendent…
Peut-être que tu attends beaucoup de moi.
Que ta volonté soit faite
Je suis à toi.

Cet ouvrage lui est dédié, ainsi qu'à tous ceux qui donnent leur vie au quotidien pour l'économie de communion.

Ce recueil a été réalisé grâce aux acteurs de l'économie de communion et à tous ceux qui ont apporté bénévolement leur contribution. José et Chantal Grevin en ont assuré la coordination. La deuxième édition comporte quelques mises à jour : la perspective est restée la même et les expériences de terrain ont gardé toute leur valeur de témoignage vécu ; il a cependant semblé utile d'indiquer comment certaines situations ont évolué depuis la première édition.

INTRODUCTION

« Ils n'avaient qu'un cœur et qu'une âme… et nul parmi eux n'était indigent » (Ac 4,32-34).

L'économie de communion introduit le don dans la structure de base de l'économie moderne : l'entreprise. Et l'entreprise y trouve un dynamisme nouveau, car ses membres visent un idéal qui met en œuvre le meilleur d'eux-mêmes. Cette affirmation figurait déjà dans l'ouvrage intitulé *Pour une économie de communion*[1] qui exposait les fondements de ce projet alors à ses débuts. Aujourd'hui, dix ans plus tard, des réalisations illustrent et confirment cette vision. Celle-ci est devenue réalité, une réalité qui ouvre des perspectives inattendues.

C'est en 1991 lors d'un de ses voyages au Brésil que Chiara Lubich, fondatrice du mouvement international des Focolari, a l'intuition qui donne naissance à « l'économie de communion dans la liberté ». Dans ce pays où la richesse côtoie le dénuement d'un grand nombre, elle constate que parmi toutes les personnes participant à la vie du mouvement, beaucoup rencontrent des difficultés matérielles insurmontables. Malgré une réelle solidarité et un partage régulier entre tous, les ressources disponibles s'avèrent encore insuffisantes. Aux membres du mouvement capables d'entreprendre, elle propose de créer des entreprises qui

(1) *Pour une économie de communion*, Nouvelle Cité 1993 (2e édition, 1994).

produiront des richesses nouvelles. À ceux qui sont déjà chefs d'entreprise, elle propose d'orienter leur activité vers le partage. Des Brésiliens relèvent immédiatement le défi, et leurs initiatives continuent à se développer.

Des entrepreneurs de divers pays, vivant la spiritualité de communion des Focolari, adhèrent aussi à cette proposition. Il en résulte un ensemble d'expériences qui apparaît maintenant comme un élément de réponse au problème global de notre planète, où plus d'un milliard d'êtres humains sont les laissés-pour-compte d'une abondance pourtant sans précédent.

L'économie de communion est d'abord une pratique. Elle n'existe que par des hommes et des femmes engagés dans sa mise en œuvre concrète, dans leur entreprise. Le nombre de ces entreprises est encore modeste, comme leur chiffre d'affaires et leur effectif. Mais le témoignage de ces entrepreneurs permet de mesurer le caractère radical de leur engagement envers les plus pauvres et l'ampleur des transformations qui en résultent dans tous les aspects de la vie de l'entreprise, tant dans son fonctionnement interne que dans ses relations avec ses partenaires.

Dispersés sur plusieurs continents (Amérique du Sud, Europe, Asie), dans des secteurs d'activité très différents (industrie, agriculture, services), selon des formes variées (société, exploitation familiale, coopérative, profession libérale...), tous opèrent dans le cadre de l'économie de marché et font face à la concurrence. Nous avons choisi de leur laisser la parole, en préservant la spontanéité de leur expression propre. On constate que la proposition de l'économie de communion a suscité en chacun un appel : il y a un avant, et un après. Chacun y répond librement, avec sa personnalité, ses compétences, son imagination... et sa générosité.

D'autres initiatives viennent aussi contribuer à l'économie de communion. Des personnes se regroupent et apportent leurs compétences et leurs moyens financiers pour soutenir la création de nouvelles entreprises. Des étudiants rédigent des mémoires et des thèses de doctorat. Il ne faudrait pas oublier, même si elles ne peuvent pas être relatées ici, les nombreuses petites initiatives (fabrication et vente de conserves, confitures, cartes de vœux, foulards de soie…) prises par des personnes, des familles, des groupes de jeunes et même d'enfants, pour apporter leur contribution aux buts de l'économie de communion.

Il est significatif enfin de constater que des économistes s'intéressent à l'économie de communion et tentent d'en dégager la nouveauté et l'apport spécifique. Ils en soulignent l'intérêt par rapport aux enjeux de l'économie mondiale actuelle.

Mais surtout, au cœur de ce projet, il y a ceux qui reçoivent une aide financière, grâce aux bénéfices des entreprises. Ils sont eux aussi des acteurs de l'économie de communion, parce qu'ils vivent ce même esprit de solidarité et de communion.

José et Chantal Grevin,
Coordinateurs pour la France de l'économie de communion,
Mouvement des Focolari

Chapitre I

PROPOSITION

SOURCE
D'UNE PRATIQUE ÉCONOMIQUE

À l'occasion des cinquante ans du Conseil de l'Europe, une conférence internationale sur le thème « Économie de marché, démocratie, citoyenneté et solidarité » réunissait à Strasbourg, le 31 mai 1999, des responsables politiques et des experts en économie. Chiara Lubich était invitée à présenter l'économie de communion. Son exposé met en évidence ce qui fonde cette expérience.

Je remercie le Conseil de l'Europe de m'avoir invitée à cette importante Conférence pour y exposer une nouvelle pratique en matière économique. Son expression la plus connue, le projet « économie de communion », constitue une expérience spécifique d'économie solidaire qui, depuis quelques années, s'est développée dans le cadre du mouvement des Focolari.

Je ne suis pas économiste et mon exposé, du moins dans la première partie, n'aura pas un caractère proprement économique.

Il n'est certes pas nouveau de dire que toute conception de l'économie est l'expression d'une certaine culture, le reflet d'une certaine vision du monde.

Permettez-moi donc, avant tout, de décrire brièvement le terrain spirituel sur lequel s'est développé le projet d'une économie de communion.

Durant ces dernières décennies, s'est diffusé sans bruit en

de nombreux pays un mode de vie, expression d'une culture nouvelle.

Cette façon de vivre, propre, entre autres, au mouvement des Focolari qui est d'origine chrétienne, est animée par une spiritualité nouvelle, à la fois personnelle et communautaire, la spiritualité de l'unité. Celle-ci est répandue aujourd'hui en 182 pays du monde, parmi des personnes de tous âges, races, langues, cultures et convictions. Outre une grande majorité de catholiques, elle rassemble aussi des chrétiens qui appartiennent à trois cents Églises, des fidèles des principales religions, ainsi que des hommes et des femmes qui n'ont pas de références religieuses particulières mais qui partagent avec nous de nombreuses valeurs. Ce courant se caractérise également par une nouvelle manière de vivre les différents aspects de la vie sociale : politique, culturel, artistique, économique, etc.

Ce mouvement est porteur d'une vision du monde centrée sur la fraternité universelle, où les hommes se comportent comme des frères, espérant ainsi apporter leur pierre à un monde plus uni.

C'est pourquoi tous sont invités à mettre résolument en œuvre ce qu'on appelle l'amour, que ce soit l'amour chrétien ou, pour ceux qui ont une foi différente, la bienveillance, le fait de vouloir le bien de l'autre. Cette attitude, requise par tous les livres sacrés, est aussi présente chez les hommes d'un monde dit laïque car, comme tous leurs semblables et par leur nature même, ils sont portés à établir des relations avec les autres.

En effet, tout homme a en lui, de façon inhérente et malgré ses faiblesses propres, une tendance au don plutôt qu'à l'avoir, car il est réellement porté à aimer ses semblables.

Et cette « culture du don » caractéristique, précisément, du mouvement des Focolari, s'est traduite par une communion des biens entre tous ses membres et par des œuvres sociales d'une certaine importance.

Lorsque l'amour, ou la bienveillance, est vécu par plusieurs personnes, il devient réciproque; ainsi naît la solidarité. Une solidarité qu'on ne peut maintenir qu'en faisant taire notre égoïsme, en affrontant les difficultés rencontrées et en sachant les dépasser.

Cet esprit, sans cesse placé au cœur de toute activité humaine, même économique, constitue le style de vie des quatre millions et demi de personnes qui, au sein du mouvement des Focolari, s'efforcent quotidiennement de le mettre en pratique; un esprit qui s'est désormais propagé bien au-delà du mouvement.

La politique, par exemple, se vit autrement et cela porte déjà des fruits dans certaines villes, petites ou grandes, et dans des Parlements, jusqu'à pouvoir appliquer ce principe: «aimer la patrie de l'autre comme la sienne».

Parlons maintenant de l'aspect économique.

Après plus de cinquante ans d'existence, ce mode de vie du mouvement des Focolari s'est concrétisé dans le projet d'une économie de communion.

C'est lors d'une de mes visites à la communauté de São Paulo, au Brésil, en mai 1991, que l'idée a vu le jour, au cœur d'un pays où le contraste dramatique entre la grande richesse de quelques personnes et l'immense pauvreté du plus grand nombre est douloureusement ressenti.

D'ailleurs, parmi les 250000 adhérents du mouvement, plusieurs milliers étaient eux-mêmes atteints par une pauvreté telle que la communion des biens réalisée entre tous était insuffisante pour pourvoir à leurs besoins. De là est née l'idée d'augmenter les ressources en faisant naître des entreprises, dont la gestion pouvait être confiée à des spécialistes, afin qu'elle soit efficace et permette d'en retirer des bénéfices.

Ces bénéfices allaient servir en partie au développement des entreprises, en partie pour aider ceux qui sont dans le besoin en leur permettant de vivre plus dignement jusqu'à ce qu'ils aient trouvé un moyen de subsistance, ou même en leur offrant un travail dans les entreprises elles-mêmes. Une troisième partie enfin, devait être consacrée à développer des structures où des hommes et des femmes, dont la vie est animée par la culture du don, se formeraient pour devenir ces «hommes nouveaux» sans lesquels ne peut naître une société nouvelle.

L'idée de l'économie de communion fut accueillie avec enthousiasme, non seulement au Brésil et en Amérique latine, mais en Europe et ailleurs dans le monde.

De nouvelles entreprises sont nées, tandis que d'autres, déjà existantes, modifiaient leur mode de gestion pour adhérer au projet.

Actuellement, 654 entreprises y ont adhéré, ainsi que quatre-vingt-onze micro-entreprises réparties dans les différents secteurs économiques, dans plus de trente pays du monde. En voici quelques exemples:

Les actionnaires majoritaires de la banque rurale philippine Kabayan adhèrent à l'économie de communion. Avec l'aide d'une société de conseil, adhérente elle aussi au projet, la banque est passée en cinq ans du 123e au 3e rang des banques rurales philippines pour le montant des dépôts; elle a ouvert huit agences, avec un total de 150 collaborateurs. Elle a résisté à la crise financière en Asie l'an dernier, grâce au climat de confiance qui s'était créé au sein de la banque et dans son environnement.

Vingt-trois entrepreneurs de Solingen (Allemagne) ont fondé Solidar capital, société financière pour le développement, ayant pour objectif de faire naître et développer de nouvelles entreprises en Europe de l'Est, au Proche-Orient et en Amérique latine.

Le désir de répondre au projet de l'économie de communion a donné naissance, en Italie du Nord (Ligurie), au groupement de coopératives sociales Roberto Tassano, qui gère actuellement diverses structures au service de la personne en lien avec des sociétés industrielles locales. Parti de quelques membres fondateurs, le groupement compte maintenant environ 420 employés-associés. À cause de sa capacité à susciter de nouvelles entreprises, il a été qualifié de: « incubateur d'entreprises ».

L'expérience de l'économie de communion, avec les caractéristiques qui dérivent du projet de vie dont elle est issue, se situe dans la ligne des nombreuses initiatives individuelles et collectives qui cherchent à « humaniser l'économie ».

Même si les entreprises de l'économie de communion évoluent dans une économie de marché, leur activité économique vise à en faire un lieu de rencontre au sens le plus profond du mot, un lieu de « communion »: communion entre ceux qui disposent de moyens financiers et d'un certain pouvoir économique et ceux qui n'en ont pas; communion entre tous les acteurs impliqués dans l'activité de l'entreprise.

Alors que bien souvent l'économie contribue à dresser des barrières entre les classes sociales et entre les groupes qui représentent des intérêts opposés, ces entreprises s'efforcent au contraire:

– d'offrir une partie de leurs bénéfices pour répondre directement aux besoins les plus urgents des personnes qui se trouvent dans une situation économique précaire;

– de promouvoir au sein de l'entreprise et vis-à-vis des consommateurs, des fournisseurs, des concurrents, des communautés locale et internationale, ou encore avec l'administration, des relations de réciprocité, dans l'ouverture et la confiance, sans perdre de vue l'intérêt général;

– de vivre et de diffuser une culture du don, de la paix et de la légalité, dans le respect de l'environnement (il faut être solidaire aussi de la création) à l'intérieur et à l'extérieur de l'entreprise.

Parmi les caractéristiques de l'économie de communion, en voici quelques-unes que nous estimons particulièrement importantes.

Le projet de l'économie de communion propose une conduite inspirée par la gratuité, la solidarité et l'attention aux plus démunis, non pas pour des activités à but non lucratif, mais principalement pour des entreprises orientées, par définition, vers la recherche du profit, lequel sera, dans un second temps, mis en commun dans une perspective de communion.

Les entreprises de l'économie de communion, qui peuvent compter sur une entente profonde entre leurs dirigeants, se sentent partie prenante d'un projet plus vaste où l'on vit déjà une expérience de communion.

Les personnes qui ont des difficultés économiques et auxquelles une partie des bénéfices est destinée, ne sont pas considérées comme des «assistés» ou «bénéficiaires» de l'entreprise. Elles sont membres essentiels et actifs du projet, auquel elles participent en donnant leurs nécessités. Elles aussi vivent la culture du don. Beaucoup d'entre elles, en effet, dès qu'elles parviennent à un minimum d'autonomie économique, renoncent à cette aide.

Beaucoup s'interrogent: comment des entreprises aussi attentives aux exigences de tous leurs partenaires et au bien de la société peuvent-elles résister sur le marché?

L'esprit qui les anime les aide assurément à dépasser les oppositions internes qui entravent et même paralysent les organisations humaines. De plus, leur manière d'agir attire la confiance et l'estime des clients, des fournisseurs, des financiers.

Il ne faut pas oublier non plus un élément essentiel qui n'a cessé d'accompagner le développement de l'économie de communion pendant toutes ces années : dans ces entreprises on laisse à Dieu la possibilité d'intervenir, jusque dans l'activité économique concrète. Et on peut toucher du doigt que chaque fois qu'on agit à contre-courant, ce qui est déconseillé dans le monde des affaires, il intervient par une entrée d'argent exceptionnelle, une chance à saisir, une nouvelle collaboration, l'idée d'un produit à succès...

Voilà, brièvement, ce qu'est l'économie de communion. Quand j'en ai proposé l'idée, j'étais loin d'avoir une théorie en tête.

Cependant, j'ai pu constater qu'elle attirait l'attention d'économistes, de sociologues, de philosophes ainsi que d'experts d'autres disciplines. Certains chercheurs voient dans le concept de « communion » une nouvelle clé de lecture des rapports sociaux, qui pourrait contribuer à dépasser la conception individualiste qui prédomine aujourd'hui en matière économique.

Chiara Lubich,
Strasbourg, 31 mai 1999

DIMENSION NOUVELLE

Un dirigeant d'entreprise d'Italie du Nord, Alberto Ferrucci, chargé par le mouvement des Focolari de suivre les développements de l'économie de communion dans le monde, en fait la présentation lors d'un colloque à l'Université de Plaisance (Bologne) le 29 janvier 1999, à l'occasion de la remise du doctorat honoris causa *en Économie à Chiara Lubich.*

Se plaçant de son point de vue de chef d'entreprise, il dresse un large panorama de cette perspective nouvelle, de ses implications et de ses apports.

L'expérience d'un cadre en entreprise

J'ai rencontré la spiritualité de l'unité du mouvement des Focolari bien avant que Chiara Lubich ne lance, en 1991, le projet de «l'économie de communion». À cette époque, je travaillais dans une entreprise qui venait de construire une grande raffinerie de pétrole. Nommé administrateur délégué au moment de sa mise en service, j'ai choisi d'aborder cette phase délicate en m'appuyant sur la «méthode de l'unité[2]». Cela impliquait pour moi de donner ouvertement au personnel de tous niveaux les informations concernant la marche de la raffinerie : les

(2) La «méthode de l'unité» fait allusion à un point de la spiritualité du mouvement des Focolari qui consiste à laisser de côté ses idées et ses préoccupations pour se mettre à la place de l'autre et partager ses difficultés.

nouveaux contrats obtenus, les travaux en cours, etc. Je n'hésitais pas à parler aussi des difficultés financières rencontrées et de leurs causes : des investissements gigantesques et l'impossibilité d'utiliser à plein les installations à cause de la crise économique.

Je partageais donc aussi avec les ouvriers, dans ces assemblées ouvertes à tous, l'ensemble des informations concernant l'entreprise et auxquelles généralement ils n'avaient pas accès.

Connaissant tous les difficultés auxquelles l'entreprise se trouvait confrontée et conscients de devoir innover ensemble pour y faire face, nous avons pu passer brillamment le cap de ces années difficiles. L'engagement du personnel a transformé ce complexe industriel, que les experts avaient désigné comme « la mauvaise raffinerie, créée au mauvais moment et au mauvais endroit », en une des entreprises les plus performantes d'Italie.

Cette expérience a renforcé ma conviction que le succès d'une activité de production dépend pour une grande part de l'unité ou du manque d'unité des hommes qui y travaillent.

Adhésion à une proposition radicale

Je suis ensuite devenu chef d'entreprise et, lorsque le projet de l'économie de communion est né, j'y ai vu une proposition radicale pour mettre l'homme au premier plan de l'activité économique.

Dans un système d'économie de marché, l'économie de communion engage en tout premier lieu le chef de l'entreprise. C'est lui qui définit les priorités de l'entreprise, ses méthodes et ses comportements. Contrairement à ce qui arrive généralement, il ne s'assimile pas, dans le projet de l'économie de communion, au stéréotype de l'*homo economicus*, qui vise uniquement son profit.

Ce stéréotype a d'ailleurs été mis en cause par Luigi Einaudi, économiste et ancien Président de la république italienne, de tendance libérale, qui écrivait: «Des millions d'individus travaillent, produisent et épargnent, en dépit de tout ce que nous pouvons inventer pour les malmener, leur dresser des obstacles, les décourager. C'est leur vocation naturelle, et pas seulement la soif de l'argent, qui les guide. L'amour de leur travail, la fierté de voir leur entreprise prospérer, conforter sa réputation, inspirer confiance à toujours plus de clients, développer ses installations, embellir ses locaux... tout cela constitue un ressort de progrès tout aussi puissant que l'attrait du gain. S'il n'en était pas ainsi, on ne pourrait expliquer pourquoi il existe des dirigeants qui prodiguent toutes leurs énergies à leur entreprise et y investissent tous leurs capitaux pour en tirer, souvent, des bénéfices infiniment plus modestes que ceux qu'ils pourraient obtenir sans incertitude et sans peine, dans d'autres fonctions.»

À ces motivations, Chiara Lubich en ajoute d'autres, qui touchent encore plus à la racine de l'être, à «l'homme nouveau» qui est au cœur de chacun. C'est ce qu'elle indique, dans un texte où elle propose le projet:

«À la différence de l'économie de consommation, fondée sur une culture de l'avoir, l'économie de communion est l'économie du don. Cela peut paraître difficile, ardu, héroïque. Mais non, car l'homme est fait à l'image de Dieu, qui est Amour, et c'est justement en aimant, en donnant, qu'il se réalise. Cette exigence est inscrite au plus profond de son être, qu'il soit croyant ou non. C'est sur cette constatation, appuyée par notre expérience, que se fonde notre espérance en une diffusion universelle de l'économie de communion» (décembre 1991).

L'expérience dont parle Chiara Lubich est celle du mouvement des Focolari, qui repose sur cinquante années de vie. Dès la naissance de la première communauté, à Trente, au cours de la seconde guerre mondiale, Chiara et ses premières compagnes ressentent l'urgence de répondre à l'amour de Dieu. Le découvrant comme Père, elles choisissent pour idéal l'unité, l'objectif d'un monde uni, proposé par le Christ au cours de la dernière Cène: « Père, que tous soient un. »

Durant ces années de guerre, elles décident de réaliser cet idéal en commençant par accorder toutes leurs attentions aux plus déshérités. Elles vont les trouver un à un dans les quartiers les plus pauvres, les soignent et les accueillent même à leur table, en leur donnant la place d'honneur et leurs plus beaux couverts. Ne leur sont-ils pas recommandés par Dieu lui-même?

Beaucoup d'habitants de Trente suivent Chiara et ses premières compagnes et, en quelques mois, sous les bombes, il se forme une communauté de cinq cents personnes qui partagent leur façon de vivre. Cette première communauté voit se répéter le miracle des premières communautés chrétiennes, où « aucun d'entre eux n'était dans le besoin ». Le couloir de la maison où habitent Chiara et ses compagnes est toujours rempli de sacs de farine, de pommes de terre, de vêtements, de chaussures, qui, à peine arrivés, sont redistribués, et sont aussitôt remplacés par d'autres choses.

Comme à ces premiers temps, le mouvement des Focolari a continué à pratiquer cette mise en commun du superflu, pour aider les plus pauvres et pour faire face aux dépenses nécessaires à sa diffusion, et il est désormais présent dans le monde entier. Ainsi, au cours des années soixante, près de Florence, un centre de formation et de témoignage de cette vie d'unité est né. Au fil des années, ce centre est devenu une réalité sociale et économique, une véritable cité-pilote dite « mariapolis », où résident des familles et qui comprend des ateliers. D'autres mariapolis du même type ont vu le jour dans différentes parties du monde. Il y en a actuellement vingt-trois.

En 1991, pour se rendre à la mariapolis Araceli au Brésil, Chiara Lubich traverse la ville de São Paulo, et elle est frappée de voir, à côté d'une des plus impressionnantes concentrations de gratte-ciel au monde, des étendues tout aussi impressionnantes de favelas, ces logements de fortune, où vivent aussi des personnes qui partagent son idéal de l'unité. Elle ressent alors l'urgence de subvenir au moins aux premières nécessités de ces Brésiliens qui lui sont si proches et pour lesquels la communion des biens n'est pas suffisante pour qu'ils aient nourriture, logement, soins médicaux et emploi.

Sûre de pouvoir compter sur la générosité des Brésiliens, elle lance l'idée de «l'économie de communion dans la liberté». Elle invite les 200 000 membres du mouvement au Brésil à s'unir tous, dans une démarche librement consentie, en s'appuyant sur les plus compétents d'entre eux, pour faire naître, à côté de la cité-pilote, des entreprises capables de dégager des bénéfices et de créer des emplois. «Nous sommes pauvres, mais nombreux», dit-elle.

La nouveauté du projet

Quelle est la nouveauté de ce projet? Au-delà de la mise en commun du superflu individuel ou familial, Chiara Lubich propose de développer une «communion productive». À côté des écoles de formation et des petits ateliers, une «zone d'activités» avec des entreprises va se constituer. Les cités-pilote seront un lieu où l'on pratiquera une culture du don inspirée de l'Évangile, afin de la rendre visible jusque dans les activités économiques.

Des entreprises de ce genre, de différentes régions, pourront aussi contribuer à la création d'emplois et au partage des bénéfices.

Aux chefs d'entreprise dont je fais partie, Chiara Lubich propose de produire, avec compétence et créativité, des produits utiles et de bonne qualité, de travailler dans la transparence, de payer les impôts, de ne pas verser de pots-de-vin, de ne pas polluer l'environnement et de ne pas faire de concurrence déloyale. Elle propose d'utiliser les bénéfices produits pour, d'une part, développer l'entreprise, mais aussi pour les partager librement avec les pauvres, et pour diffuser la culture du don. Tout cela, sans oublier, pour ceux d'entre nous qui sont croyants, de laisser une place à l'intervention de Dieu, que la recherche constante de l'unité ne manque pas d'attirer, y compris dans le domaine économique.

En d'autres termes, il s'agit d'une économie non plus fondée sur la lutte pour dominer, mais sur la « volonté de progresser ensemble », en mettant en jeu nos ressources économiques, nos innovations et nos talents, afin de partager les bénéfices avec ceux que le système économique actuel tend à exclure car « improductifs ».

Une telle proposition peut sembler, a priori, difficile à accepter. Cependant, elle est d'une grande actualité et d'une grande valeur humaine. Le bien-être économique, lorsqu'il est obtenu au détriment des exclus, n'apporte ni le bonheur ni la paix. Même ceux qui semblent les plus insensibles à la souffrance des autres en font l'expérience, par exemple quand ils doivent se défendre du désespoir des exclus en se barricadant derrière des portes blindées ou dans des quartiers protégés.

Par contre, au sein d'une famille, on trouve normal et on se réjouit de donner sans calcul égoïste et de prendre en charge celui qui momentanément ne peut subvenir lui-même à ses besoins. L'économie de communion est une invitation à élargir l'horizon de notre famille naturelle à la famille des personnes proches du mouvement des Focolari, d'ores et déjà « un seul cœur et une seule âme », et au-delà, à toute la famille humaine, afin qu'elle aussi devienne « un seul cœur et une seule âme ».

Un patron a naturellement tendance à se projeter dans son entreprise et à y réinvestir les bénéfices qu'elle produit, pour s'apercevoir, au soir de sa vie, que le fils sur qui il comptait pour la reprendre n'en est pas capable ou, tout simplement, rêve d'être poète... La culture du don lui propose, au contraire, de partager tout au long de sa vie les fruits de son ingéniosité.

Engagement pour une culture du don

Durant les huit années écoulées depuis sa naissance, avant d'être un fait économique, car de ce point de vue elle n'a encore qu'une dimension négligeable, « l'économie de communion dans la liberté » a été un engagement pris par des personnes qui ont choisi de pratiquer la culture du don et qui entendent prouver que, dans le cadre d'une économie de marché, une autre manière d'agir est possible.

Dans une économie qui repose sur le postulat « les affaires sont les affaires et elles n'admettent aucune interférence », ce choix du don et de la transparence paraît très difficile et ne peut être assumé qu'en s'appuyant sur l'unité entre dirigeants et salariés, et sur la créativité – le chrétien parlerait des « dons de l'Esprit Saint » – qu'une telle unité attire.

Ce choix de l'économie de communion a été plus radical encore chez les jeunes et les moins jeunes qui, pour y adhérer, se sont improvisés chefs d'entreprise et apprennent, au prix de nombreuses difficultés, un métier dont ils n'avaient pas l'expérience. C'est aussi un choix pour les étudiants qui ont entrepris de longs voyages dans le monde pour étudier de près les premières entreprises adhérant à l'économie de communion et préparer des mémoires et des thèses de doctorat sur ce sujet. Quarante mémoires et thèses ont déjà été soutenus, et plus de cent autres sont en préparation.

Différentes universités d'Europe, d'Amérique latine, d'Asie et d'Australie, organisent des séminaires et des congrès pour étudier l'évolution de cette expérience nouvelle. Les plus récents se sont tenus aux États-Unis, au Brésil, au Chili, en Colombie, au Venezuela, en Argentine, aux Philippines, et en Italie. L'université Bocconi de Milan a décidé de créer un observatoire permanent du projet.

Dynamisme des entreprises

À ce jour, 654 entreprises, petites et moyennes, ont adhéré à ce projet. Des zones d'activités commencent à voir le jour dans les cités-pilote du Brésil, de l'Argentine et des États-Unis. Dans la zone d'activités brésilienne, cinq entreprises fonctionnent actuellement : l'une dans la confection, une autre fabrique des produits manufacturés en plastique, une autre produit des détergents, une autre commercialise des médicaments et des produits vitaminés pour les sportifs, et la dernière est une société de services financiers pour les entreprises de l'économie de communion du Brésil. Parmi les trois mille actionnaires de la société qui gère la zone d'activités, on compte un très grand nombre de petits actionnaires : certains sont des habitants des favelas qui ont monté un petit commerce dans le but de réunir les cinq dollars nécessaires pour devenir ces actionnaires.

Plus de trois cents entreprises, en 1998, ont versé leurs bénéfices. Ceux-ci se sont ajoutés à la contribution spéciale de tous les membres du mouvement des Focolari, les bénéfices des entreprises n'étant pas encore suffisants, et ont permis d'aider les 7000 personnes démunies, ce qui n'avait pas été possible auparavant. Ainsi se répète, à l'échelle mondiale, l'expérience de la première communauté de Trente, où la communion des biens avait permis que personne ne soit dans le besoin. Les plus démunis font partie intégrante du projet. N'ayant dans un premier temps rien d'autre à donner que leurs besoins, ils sont aussi toujours prêts à en aider d'autres, encore plus pauvres qu'eux. Cette année, bon nombre de familles ayant reçu une aide régulière auparavant ont fait savoir qu'elles y renoncent maintenant, pour permettre à d'autres d'en bénéficier.

Vers une économie nouvelle

Ce projet peut-il s'étendre à toute la famille humaine? Ce qu'il propose n'est pas un nouveau modèle économique, mais une économie nouvelle pour des hommes nouveaux qui vivent la culture du don.

Le monde a besoin d'une autre culture que celle de la société de consommation. La conférence de Tokyo sur l'environnement a démontré que la mondialisation de l'économie dans sa version actuelle, orientée vers un « toujours plus » apparemment sans solution de remplacement, n'est pas applicable à toute la planète, ne serait-ce qu'à cause des changements climatiques qu'elle provoquerait.

Les pays industrialisés, situés dans l'hémisphère nord et promoteurs de ce modèle de développement, consomment aujourd'hui à eux seuls 52 % de l'oxygène renouvelable de l'atmosphère terrestre, alors qu'ils ne représentent que 16 % de la population mondiale.

Nous croyons qu'il est possible d'opter pour un mode de développement différent, respectueux de la justice sociale et de l'environnement, et où l'écart entre une poignée de riches et une masse de pauvres cessera de se creuser. Cependant, cela ne peut se faire que par la diffusion d'une culture nouvelle, la culture du don, où l'homme ne sera plus seul pour affronter les grands défis à venir.

Aux Philippines, pour participer au projet, une femme a quitté son emploi dans une banque et a créé une société de conseil en management. Elle explique pourquoi cette société est devenue, en cinq ans, l'une des plus importantes de tout le Sud-Est asiatique : « Dieu nous aide parce qu'autour de nous beaucoup de gens pauvres, qui sont nos frères, comptent sur nous : notamment des enfants qui, faute de soins médicaux urgents, deviendraient aveugles… »

C'est un retour à des valeurs humaines plus vraies, capables de transformer l'entreprise. C'est une détermination nouvelle à suivre jusqu'au bout sa conscience, à l'exprimer dans un cadre cohérent, nouveau et plus large. Cette détermination se renforce grâce à l'unité qui se construit entre patrons et employés, ainsi qu'avec les fournisseurs, les clients, les pouvoirs publics et, surtout, avec les plus pauvres, les exclus de l'entreprise.

Ainsi naissent des entreprises dont tous se sentent partie prenante, même s'ils n'y travaillent pas et n'y sont pas directement associés. Celles-ci créent des emplois et leurs associés donnent leurs bénéfices pour aider les plus démunis et soutenir la diffusion d'une culture nouvelle. Elles sont donc une illustration vivante de la fonction sociale de l'entreprise, préconisée par la doctrine sociale chrétienne : le capitaliste se change en un frère, qui risque ses biens au profit de tous.

Dans une telle entreprise, et entre des entreprises de cette sorte, il se forme un « capital relationnel » qui ne peut s'évaluer en millions de dollars et que personne ne peut s'approprier par des manœuvres, un capital qui s'avérera fort utile pour surmonter les moments difficiles. Par contre, ce capital ne pourra se constituer dans les entreprises dirigées par une équipe qui croit devoir exacerber l'esprit de compétition pour augmenter la productivité, car alors les salariés, entraînés par la direction dans des rapports de plus en plus conflictuels au nom de la réussite économique, régressent dans un individualisme qui alimente leurs pires instincts.

Le capital relationnel a besoin, au contraire, d'un climat de confiance, où tous les engagements sont respectés et où chacun donne librement. Le succès d'un employé est partagé par tous les autres, l'innovation de l'un pourra être appliquée par n'importe lequel de ses collègues. L'émulation fera grandir l'espoir d'amélioration. Il en ressortira un développement économique fondé sur la réciprocité, sur le don qui n'attend rien en retour et sur la joie qu'il y a à recevoir en retour, de façon inattendue. Il n'est pas toujours facile d'obtenir un tel résultat, mais, pour des « hommes nouveaux », ce n'est pas impossible. Le croyant sait que le Christ a promis à ceux qui s'efforcent de vivre ainsi d'être toujours à leur côté, avec sa paix et sa providence, et donc, aussi, par de bons résultats économiques.

Ces bons résultats peuvent parfois prendre la forme de recettes imprévues. Mais, souvent, ils sont le fruit d'une solution ingénieuse à un problème technique ou d'une idée de produit nouveau qui réussit. Dans cette atmosphère de paix, ces réalisations naissent spontanément, comme par miracle et, si elles portent la marque personnelle de leur auteur, elles portent aussi celle du groupe de travail tout entier.

Alberto Ferrucci,
29 janvier 1999

Chapitre II

BRÉSIL : ENTREPRISES PIONNIÈRES

CRÉER UNE ENTREPRISE

Ercilia Fiorelli a été l'une des premières à vouloir répondre à la proposition de l'économie de communion. En 1996, elle raconte son cheminement, qui va la conduire à créer une entreprise de détergents, maintenant florissante.

Un soir, sous la pluie, je revenais en voiture de chez un client qui m'avait félicitée parce que les consultants de ma société obtenaient d'excellents résultats. À un moment donné, les encombrements m'obligent à avancer au pas, et je peux observer à loisir la favela le long de la route. Pendant que dans ma voiture je suis tranquille et bien à l'abri, les habitants de la favela sont sous des toits de tôle, et la pluie s'infiltre partout dans leurs baraques. Je comprends alors combien Chiara Lubich aime mon peuple, l'aime bien plus que moi-même qui vis à ses côtés depuis toujours, et je suis honteuse d'avoir pensé que j'en fais assez pour lui.

Dans cette voiture, devant cette favela, consciente que le projet de l'économie de communion est audacieux, révolutionnaire, qu'il exige un engagement total, je décide de me consacrer à ce projet pour qu'il devienne une réalité concrète, qui puisse renouveler mon pays.

C'est ainsi qu'Ercilia Fiorelli débute son aventure d'entrepreneur. Elle avait commencé sa carrière dans une banque à dix-huit ans, et très vite, grâce à ses capacités, elle s'était vu confier la direction de la filiale, à vingt-et-un ans.

J'ai connu le mouvement des Focolari à quatorze ans. Dès lors la découverte de Dieu Amour a orienté ma vie. Pouvoir répondre à cet Amour, en me mettant, dans mon travail, à partager les difficultés de mes collègues, me fascinait. Mais je souffrais de constater que dans ce milieu dont l'argent est le vrai dieu, je n'avais pas la possibilité d'influencer l'orientation de l'entreprise, et que ma façon de vivre avait peu d'impact sur le système.

Quand Chiara Lubich lance l'économie de communion au Brésil, le projet m'enthousiasme. Il correspond à mes exigences les plus profondes, à mon désir d'agir pour mon pays, où la personne humaine n'est pas prise en considération. Aussi, pour répondre concrètement à ce que Chiara Lubich propose, je commence tout de suite à étudier avec un groupe d'amis la création d'une société destinée à implanter une zone d'activités près de la mariapolis Araceli.

La société E.S.P.R.I. est née ainsi, mais cela ne me suffit pas. Je ressens l'exigence de m'engager plus personnellement dans ce projet. J'ai peur d'abandonner mon travail sûr et bien payé, pour lancer quelque chose. À ce moment-là, des collègues de la banque me demandent de donner des cours de statistiques à leurs employés. Une amie du Mouvement, spécialiste des ressources humaines, vient de quitter son travail pour lancer une entreprise d'économie de communion. Je pense qu'ensemble nous pouvons monter un cabinet de conseil et de formation. Nous l'appelons « Spazio ». Nous avons aussi le projet de donner des conseils aux entreprises d'économie de communion qui débutent. Aujourd'hui, la Spazio emploie treize consultants de diverses spécialités, pour des secteurs variés comme la finance, le commerce, la qualité, la formation et les conditions de travail.

Développer ce cabinet de conseil est déjà une contribution à l'économie de communion. J'arrive à le faire tout en gardant mon poste à la banque. Touchée par les paroles de Chiara Lubich sur l'économie de communion, je commence en 1994 à étudier avec d'autres personnes le projet de création d'une entreprise de détergents dans la zone d'activités de la mariapolis Araceli. Au début, je n'avais toujours pas l'intention de quitter mon travail à la banque. Mais je me rends compte que notre associée ne peut pas diriger cette entreprise, bien qu'elle en ait les capacités, parce qu'elle habite trop loin, et nos autres associés n'ont pas cette compétence. C'est alors que je comprends qu'il faut que je démissionne de la banque pour mettre personnellement toutes mes forces dans ce projet de la nouvelle entreprise, Eco-Ar.

Partie de rien, cette entreprise se développe progressivement. Cela n'a pas été facile, puisque le capital initial réduit ne permettait pas d'investir ou d'embaucher du personnel en dehors d'une chimiste. Après mon propre travail et le week-end, il fallait que j'aille aider à la production. Pendant un an, nous faisions les livraisons des produits avec nos voitures; parfois, ça me semblait fou d'avoir quitté un bon poste à la banque pour en venir à transporter ces cartons de produits. Quand j'étais fatiguée et découragée, il m'arrivait de penser que ma participation au cabinet de conseil, relié à l'économie de communion, devait suffire. J'y avais une clientèle, et je m'épanouissais dans ce métier que je maîtrisais bien.

C'est à ce moment-là que la vision de la favela inondée me donne la volonté de persévérer. Depuis cet instant précis, j'ai la certitude de vouloir donner ma vie pour l'économie de communion, quoi que cela me demande : charger des cartons de détergents dans des voitures, encourager des personnes en difficulté, ou bien présenter le projet de l'économie de communion à des universitaires et dirigeants de grandes entreprises, comme cela m'a été demandé en Colombie, au premier congrès sur le « Développement durable ».

À cette occasion, après avoir écouté mon exposé et les expériences de deux patrons brésiliens de la fonderie Femaq, beaucoup de participants au congrès, intéressés par une économie plus juste et orientée vers l'homme, ont voulu en savoir davantage, et une relation profonde s'est nouée avec certains.

À travers ces réactions, j'ai compris que le projet de l'économie de communion atteindra des sommets inimaginables.

Ercilia Fiorelli,
Eco-Ar (production de détergents),
Brésil, 1996

En 1996, la société Eco-Ar démarre dans la zone industrielle Spartaco d'Araceli, où son bâtiment, avec un laboratoire de chimie, est prêt. Elle dispose de quinze points de vente, et commercialise alors douze produits, auxquels huit autres produits s'ajoutent bientôt.

En 2000, cinq ans après sa création, Eco-Ar produit 800 000 litres de détergents par mois, générant un chiffre d'affaires de deux millions de dollars, et emploie trente-sept personnes. En 2005, Eco-Ar a continué à se développer et emploie 80 personnes, la plupart venant des favelas. Un de ses très gros clients est une chaîne d'hypermarchés qui un jour exige une baisse de prix. Ercilia fait ses calculs et constate que le prix exigé ne permettrait plus de dégager des bénéfices, et la finalité de partage de l'entreprise disparaîtrait. Elle refuse, consciente qu'elle perd une grosse part de son chiffre d'affaires. Surprise de voir que les commandes de cette chaîne arrivent à nouveau, elle s'informe. Le directeur de la chaîne lui explique : « On a décidé de reprendre nos commandes : quand les produits Eco-Ar ont été retirés des rayons, ce sont les clientes qui les ont réclamés à cause de leur qualité. »

PARTAGE ET COMPÉTITIVITÉ

Des entreprises sont nées en vue de contribuer à l'économie de communion. D'autres existaient déjà : c'est le cas de la Femaq, dirigée par les frères Leibholz. Cette adhésion provoque des transformations, mais est-ce au détriment des performances de l'entreprise ?

La Femaq fabrique des pièces en acier et en alliages d'aluminium au Brésil. Ses produits manufacturés pèsent jusqu'à trente tonnes. L'entreprise emploie actuellement une soixantaine de personnes, avec une production d'environ 4000 tonnes par an et un chiffre d'affaires de huit millions de dollars.

Ses principaux clients sont des industries automobiles : Volkswagen, Mercedes, General Motors. La Femaq produit aussi des pièces destinées à l'industrie du papier et a obtenu le certificat TUV pour ses produits, et l'obtention de la certification de qualité ISO 9002 est en cours.

La Femaq a été fondée en 1966 par le père, Kurt Leibholz, un immigré allemand doté d'une grande sensibilité sociale. En 1971, il est décédé. Alors que ses fils n'avaient pas encore terminé leurs études, ils ont dû prendre la direction de l'entreprise. « Cette période a été difficile, du fait de notre manque d'expérience et du peu de confiance que nous manifestaient les employés et les clients. » *En 1979, l'entreprise s'est stabilisée et a progressé. Le défi était relevé.*

Cependant, le succès au plan professionnel ne nous suffisait pas, car il ne comblait pas toutes nos aspirations. Depuis quelque temps déjà, nous connaissions la spiritualité des Focolari et la doctrine sociale de l'Église. Nous voulions vivre et agir dans notre travail selon ces principes.

Nous avons fait le pacte d'être prêts à mourir plutôt que de rompre cette unité entre nous. Car c'était toujours là que nous trouvions la lumière pour diriger l'entreprise de façon cohérente avec les exigences de la foi chrétienne, qui nous imposaient de préférer l'homme au profit.

Au Brésil, chaque année, à l'initiative de la Conférence épiscopale, une «campagne de la fraternité» est lancée durant la période de Pâques sur un thème à caractère social. Une année, la campagne avait pour titre: «Santé pour tous». Nous inspirant de ce thème, nous avons créé dans l'entreprise un dispensaire avec un médecin généraliste et un pédiatre, pour tous nos employés et leurs familles.

Nous avons également créé une caisse d'aide sociale, avec un capital constitué à la fois par l'entreprise et par les employés, et nous en avons confié la gestion au personnel.

Chaque mois, tout le personnel participait aux assemblées générales. Nous avons aussi commencé à distribuer à nos employés une partie des bénéfices de l'entreprise. Bon nombre de ces initiatives continuent aujourd'hui encore.

Dans tout le Brésil, les années quatre-vingt ont été très dures d'un point de vue économique, à cause de la crise du pétrole, à laquelle s'ajoutaient d'autres problèmes internes. Certains économistes ont appelé ces années «la décennie perdue».

La Femaq s'est maintenue, malgré différents problèmes. Cependant, malgré tous nos efforts, il nous semblait qu'il manquait encore quelque chose pour accomplir totalement le modèle d'entreprise dont nous rêvions.

En 1991, lorsque Chiara Lubich a lancé l'idée de l'économie de communion dans la liberté, nous avons compris que c'était le modèle économique que nous attendions sans le savoir. L'entreprise a élargi son champ d'action. Celui-ci ne consistait plus seulement à répondre aux besoins de ses employés et de ses clients : il a pu s'élargir aux plus pauvres et à la formation à la culture du don.

Le grand défi du projet de l'économie de communion est de vérifier si l'entreprise parvient à survivre et à subsister sur le marché tout en suivant la « logique du don » préconisée par l'économie de communion.

L'expérience s'est réalisée au cours d'une période de grande turbulence et d'instabilité de l'économie brésilienne, qui a vu se succéder sept crises économiques graves, neuf ministres des finances, et des variations des taux d'inflation allant de 1600 %, l'année dernière, à une déflation de l'ordre de 1,5 % en 1998.

À partir de différentes données, analysées sur dix-huit ans, nous avons pu vérifier les points suivants :

– Notre productivité, exprimée en tonnes par personne et par an, est passée de trente à soixante-dix tonnes. Cette productivité de soixante-dix tonnes est à rapprocher de la moyenne brésilienne qui est de trente-cinq tonnes, de celle des États-Unis qui est de l'ordre de soixante tonnes, et de celle du Japon qui est de soixante-quinze tonnes.

– Le chiffre d'affaires par homme et par an est passé de 35000 à 120000 dollars

Ces résultats, obtenus après avoir opté pour l'économie de communion, ne s'expliquent pas uniquement par les changements dans l'équipement et la technologie. Ils sont dus aussi à l'apport précieux que constitue la participation enthousiaste de tous ceux qui travaillent dans l'entreprise.

À travers l'étude présentée lors de deux congrès, nous essayons de montrer que non seulement il est possible d'agir selon les principes de l'économie de communion, mais que cela peut contribuer aussi à augmenter la productivité, comme ce fut le cas pour la Femaq.

Rodolfo et Henrique LEIBHOLZ,
Fonderie Femaq,
Brésil, 1998

UN DON QUI ENGAGE

À la tête d'une entreprise familiale près d'Agen, avec une centaine d'employés, François Neveux, apporte sa technologie du rotomoulage du plastique au Brésil et s'y engage avec passion, au service des pauvres. Récit d'un itinéraire à rebondissements.

La naissance d'une vocation de chef d'entreprise

François est né en 1936. Son père, trois ans plus tard, abandonne l'activité industrielle pour retourner vers la culture et l'élevage sur une propriété de cent dix hectares. Ainsi, pendant les années de guerre qui suivent, les cinq enfants ne connaîtront pas la faim, même s'ils ne vivent pas dans la richesse.

Mon père m'a donné le culte de faire beaucoup de choses avec peu de moyens.

Ma mère fait tout pour que je puisse poursuivre des études. Je suis admis à l'école d'ingénieurs de Marseille.

Diplôme en poche, j'ai faim et soif de tout. Réussir en travaillant est mon but premier.

Mais je ne connaissais pas le plan de Dieu. Très vite, je rencontre Françoise qui rêvait d'épouser quelqu'un de généreux et qu'elle amènerait à la foi...

Je me spécialise dans l'épuration des eaux usées, que peu de gens connaissent. En 1967, je suis fabricant de fosses septiques en béton. Je dépose mes premiers brevets. Puis en 1970 c'est la découverte du rotomoulage pour la fabrication des produits en polyéthylène.

Les possibilités s'étendent à perte de vue, je suis plein d'idées. J'embauche jusqu'à 150 personnes.

1973 : crise du pétrole, qui a d'énormes répercussions.

Il va falloir souffrir plus de vingt ans pour éviter la catastrophe. Mais la souffrance forge un homme. Être patron est un vrai « sacerdoce ». Cette traversée du désert pendant trois ans, cette peur de faire faillite, cette soif de vivre, me mènent tranquillement vers la découverte de l'Évangile. Chaque soir je l'étudie avec autant d'assiduité que le « Mémento de Degrémont [3] » quelques années auparavant. Ma logique me fait dire : « Si l'Évangile est vrai, il doit y avoir des gens qui le vivent. » La réponse est rapide. En 1974 notre femme de ménage nous parle de « Mariapolis [4] ». Et en 1975 c'est la découverte du mouvement des Focolari. J'expérimente « l'unité », j'apprends à perdre et à laisser tomber tout ce qui m'emprisonne.

Réconcilier économie et idéal

Une question me taraudait : comment vivre heureux sur la

---

(3) Manuel sur l'épuration des eaux usées.
(4) Rencontres du mouvement des Focolari.

terre, comment satisfaire les désirs de l'homme dans ce monde et dans cette économie? Bientôt je comprends.

Mai 1991 : une «bombe» dans notre mouvement. Chiara, au Brésil, lance l'économie de communion. J'en ai le vertige. Vite je lui écris pour lui dire que je tiens à sa disposition tout ce que Dieu m'a donné en savoir-faire, technique, argent, pour dupliquer mes possibilités dans le monde entier. L'économie de communion est la réponse aux questions qui me hantaient.

En 1993, je décide de donner 20 % des bénéfices de mon entreprise pour l'économie de communion, mais je dois me battre trois jours contre moi-même pour accepter totalement ce que Dieu me propose. Ce n'est pas donner l'argent qui me dérange, c'est le fait de prélever sur les bénéfices. Jusqu'ici je les avais toujours investis dans l'entreprise pour son avenir. Décision qui m'amène à transformer celle-ci d'entreprise individuelle en E.U.R.L. Ainsi je la prépare à distribuer davantage de bénéfices.

En fait cela ne me suffit pas. J'ai hâte de réaliser un énorme projet : faire dans le monde entier avec des «hommes nouveaux» ce que j'ai fait en France. J'écris, avec une certaine véhémence parfois, aux uns et aux autres. Alberto Ferrucci qui anime l'économie de communion m'invite au Brésil pour participer à une rencontre d'entrepreneurs. Je laisse tout et j'y vais.

Le projet au Brésil

Nous sommes en juin 1995. C'est d'abord la joie, l'enthousiasme, la folie : se lancer les yeux fermés, sûr que Dieu est là. Avec les responsables des Focolari au Brésil nous avons cherché ensemble ce qu'il était possible de faire avec mon procédé de rotomoulage. Ils sont enchantés, mais ils estiment que le marché du Brésil nous laisse peu d'espoir. C'est pour cela que je parle de « folie », d'oser prendre le risque.

Puis c'est le désenchantement devant les réalités : un Brésil empêtré dans les formalités, les taxes énormes : 30 % de TVA sur les produits courants, 50 % de TVA sur les articles de loisirs que je peux fabriquer tels que barques, kayaks, etc. Il est impensable d'importer. Les taxes ajoutées aux dépenses de tout genre multiplient le prix des produits par deux ou trois. D'autre part personne ne sait comment s'y prendre, on l'apprend une fois qu'on est lancé et qu'on a une amende. Il faut se barricader car le vol est monnaie courante. Trouver le matériel nécessaire pour fabriquer est très difficile. Il faut des journées entières à São Paulo, dans les bouchons, pour espérer trouver un moto-réducteur. La compréhension, la vision, l'interprétation brésilienne et celle de mon gérant au début, n'ont rien à voir avec les réactions européennes.

Mais avec José, le gérant, nous menons un travail acharné. Avec la foi qui nous est donnée nous résolvons les problèmes les uns après les autres, debout à cinq heures du matin pour rentrer à onze heures le soir.

Et puis il y a tout cet amour qui nous entoure. Nous savons que les cinq cents personnes de la cité-pilote Araceli prient tous les jours pour nous « porter ». Quand tu t'es battu, que tu ne sais plus, que tu remets tout à Dieu et que la solution arrive, alors c'est la résurrection.

Il y a encore la souffrance physique. Ce sont des petits ennuis que je ne connais pas en France et qui m'obligent à m'abaisser. Ces souffrances, je les offre et suis parfois même heureux de pouvoir les offrir.

Revenons à juin 1995, à la réunion des entrepreneurs. Elle

se déroule à la cité-pilote Araceli, dans une ambiance de fête, au milieu de sept cents personnes pour la plupart entrepreneurs désireux d'approfondir ou ayant déjà commencé à vivre l'économie de communion. Au Pôle industriel Spartaco il y a un bâtiment tout neuf que l'on inaugure. Ginetta[5] a l'intention de le mettre à ma disposition pour la fabrication de fosses septiques. Il faut dire qu'elle avait décidé de faire construire ce bâtiment sur la foi, sans savoir à quoi il servirait. Pour ma part, avant de venir au Brésil, j'ignorais que j'allais y faire une filiale. José Becca, lorsqu'on lui propose d'être gérant de cette filiale, décide avec sa femme Maria de laisser son métier de chaudronnier qui marche bien et de quitter sa ville pour habiter près du Pôle Spartaco.

Je dis folie parce que je ne connais pas le marché. Rien ne dit que l'on va réussir. C'est seulement une question de foi. Ginetta, sans la foi, n'aurait jamais bâti cette belle cité-pilote Araceli. Elle est arrivée, il y a vingt ans, dans ce coin habité de chiens dangereux et de serpents. Ercilia Fiorelli aussi, de son côté, a laissé la direction de cinq banques pour démarrer une entreprise de fabrication de produits d'entretien, elle aussi au début au milieu des ronces dans un genre de poulailler. Aujourd'hui cette entreprise est florissante, elle livre nuit et jour, les locaux font 2000 mètres carrés.

Août 1995 : je reviens avec Françoise, ma femme, et Claire notre fille qui aura ses treize ans pendant ce séjour. Françoise est enchantée, Claire plutôt réticente. Je note que ces quinze jours auront conquis notre Claire qui s'est laissé pénétrer par l'amour des habitants de la cité-pilote. Je peux dire à Ginetta et ses compagnes qu'elles ont amené notre fille à Dieu. Rien que

(5) Ginetta Calliari, responsable du mouvement des Focolari à la Mariapolis Araceli.

pour cela, ma folie a un sens et Françoise est aux anges. Oui, l'économie de communion, c'est un tout, c'est une vie.

Les difficultés concernant l'entreprise ne tardent pas à venir. L'importation du matériel de fabrication de la France au Brésil est pratiquement impossible. Il me faut payer une amende de 7600 euros pour récupérer le matériel qui est bloqué dans le port. Le prix de la matière première est exorbitant, pourtant nous voulons attaquer le marché des cuves à eau. José Becca doit se battre avec des problèmes administratifs, alors qu'il n'en a pas l'habitude. Moi, je fais l'ouvrier mécanicien. Je monte le matériel avec ce que je peux. C'est la misère dans la foi et l'espérance.

Devant le coût très élevé du polyéthylène, il nous faut très vite susciter une entreprise de recyclage de plastiques, ce que nous faisons avec Luis Carlos, éleveur de poulets. Un an après il est opérationnel et nous commençons à sortir de belles cuves à eau en polyéthylène recyclé de couleur bleue.

En 1996, nous commençons à vendre et à équilibrer nos comptes. Hélas, c'est un faux départ : les prix des cuves à eau baissent. Il faudrait démarrer sur un autre marché, celui de la fosse septique, donc pouvoir investir. Or nous avions cotisé pendant dix ans avec Françoise à une caisse de retraite et l'assureur nous propose de réaliser le capital. Françoise est d'accord. J'apprends ensuite qu'en fait elle a hésité une minute, pensant aux travaux de rénovation qu'il fallait faire dans la maison, mais elle a chassé cette idée, comprenant la chance inouïe que cette somme représente pour continuer le projet d'économie de communion. En effet cela permet d'injecter 60000 euros que je donne à José, Sergio et Luis Carlos pour qu'ils deviennent nouveaux actionnaires de « Rotogine », nom de l'entreprise. De son côté un ami français devient actionnaire en apportant 15000 euros. Nous voilà repartis dans les investissements.

En novembre 1996, j'ai l'occasion de rencontrer à Londres l'une des premières compagnes de Chiara: «N'abandonne jamais» me dit-elle. À ce moment-là, je prends la décision devant Dieu de ne jamais baisser les bras. José est comme moi. Nous passerons notre temps à visiter la clientèle et bricoler notre matériel afin de l'améliorer.

Chaque fois que je retourne au Brésil, je fais des exposés en portugais, à Brasilia, Porto Alegre... C'est à six cents, mille kilomètres. On roule avec un 4x4 qui n'avance pas. C'est parfois dangereux. Pourtant, dans cette galère, que d'amour rencontré, de désir de nous aider. Nous sommes accueillis partout par des membres du mouvement.

1997 sera une année moyenne. Il faut continuer à investir, vite proposer une gamme de fosses septiques qui sera le marché de l'avenir. 1998 est encore plus dur. Nous n'arrivons pas à décoller. Nous sommes décidés à résister jusqu'au bout et perdre l'argent qu'il faudra en attendant que la situation économique du Brésil redémarre.

En France les affaires ne sont pas brillantes non plus. La concurrence nous oblige à baisser les prix qui sont au même niveau qu'il y a dix ans. Je suis amené à faire le point. D'un côté je passe mon temps à trouver des produits nouveaux, de l'autre je baisse les prix. Combien de temps cela va-t-il pouvoir durer?

Perdre le pouvoir

J'approche des soixante-trois ans, mon affaire végète de plus en plus. L'avenir me semble bouché. Si je continue ainsi, dans cinq ans, il n'y a plus de moyens, donc plus d'économie de communion. Après avoir beaucoup prié, une idée me vient. Au lieu de me battre contre les concurrents, pourquoi ne pas m'associer avec celui que je connais le mieux? Je travaille depuis trente ans avec cette société parisienne qui est dirigée maintenant par Christian, le fils du fondateur. Elle fabrique des produits sous licence Neveux. Nous sommes devenus concurrents par la force des choses, mais concurrents loyaux. Je vais donc voir Christian, propose de lui céder 51 % de mes parts et de m'engager à ses côtés, par une nouvelle société, Polyboost. Le rôle de Polyboost est de l'assister techniquement, de s'occuper du recyclage, de fournir le polyéthylène au nouveau groupe. Le montage est accepté. Je sécurise la centaine d'emplois de mon usine. Nous supprimons un concurrent, pratiquement leader sur le marché. Nous renforçons nos deux sociétés par la synergie entre nous. Tout ce qui est bon chez l'un va passer chez l'autre. Je récupère ma performance au niveau technique, de l'argent pour l'économie de communion et un avenir plein d'espoir pour les sociétés dans lesquelles je m'implique. L'Esprit Saint nous a puissamment assistés lors des discussions et prises de décisions. Ce montage est le meilleur que l'on puisse imaginer, malgré tous les points durs rencontrés, y compris la perte du pouvoir. On n'imagine pas les efforts qu'un homme doit faire pour accepter de s'effacer.

Parallèlement, au Brésil en 1999, je m'ouvre sur les difficultés de Rotogine à Corrado, coresponsable du mouvement, qui demande aux frères Leibholz, patrons de la Femaq, de s'intéresser à Rotogine afin de l'aider à décoller. La Femaq est une fonderie de soixante-dix personnes, une des premières entreprises du Brésil ayant adhéré à l'économie de communion.

L'idée de Corrado est de rapprocher la Femaq de Rotogine, ce qui se fait courant 1999. Mieux encore, la partie commerciale de la Femaq est assurée par une jeune affaire, « Estrela », dirigée par trois commerciaux, qui s'occupera de la partie commerciale de Rotogine. Nous constituons donc une nouvelle société qui garde le nom de Rotogine, dont les actionnaires sont les trois sociétés :

– la Femaq pour l'administratif.
– Estrela pour le commercial.
– Polyboost et José pour la partie technique.

Nous sommes tous engagés dans le mouvement des Focolari. Avec l'unité ça devrait marcher. Vivre l'économie de communion à trois sociétés est autre chose que l'économie de communion entre deux personnes. Même du point de vue fiscal : une société peut normalement et fiscalement aider sa filiale. Il n'y a pas toute la série d'impôts qu'un particulier doit payer avant de profiter de l'argent gagné. Rotogine bénéficie alors des avantages d'une multinationale.

Ma dernière visite a surtout été consacrée à la mise en route d'une fabrication de moules en aluminium à la Femaq. Celle-ci ne savait pas, et moi non plus, qu'elle avait tout pour le faire. Cette activité peut devenir importante pour eux et pour les sociétés de rotomoulage dont je m'occupe. Grâce à l'économie de communion, je peux dire que ces sociétés deviennent partenaires économiques, et bénéficient de leur expérience réciproque.

L'unité entre tous les participants nous a permis, à la dernière réunion, de trouver une solution pour doubler la production de Rotogine en augmentant la superficie du bâtiment par l'adjonction de deux appentis; j'ai particulièrement apprécié que chacun s'exprime, prêt à tout perdre, laissant à l'autre le moyen d'ajouter ce qui manque.

Enfin, Rotogine vient de livrer la première grosse installation pour mille usagers. Le chiffre d'affaires du mois d'août 2000 sera doublé par cette seule vente.

Les frères Leibholz ont d'ailleurs très bien résumé la situation : « Un rêve à une personne reste un rêve. Un rêve à plusieurs devient une réalité. »

François NEVEUX,
Établissements Neveux, France et Rotogine, Brésil,
janvier 2001

Jusqu'à fin 2005, François Neveux est retourné régulièrement au Brésil pour aider au développement de Rotogine. Il y a testé et mis au point des innovations qui sont aussi utilisées maintenant en Europe. La maladie l'a emporté le 26 août 2006.

L'histoire complète de ce pionnier de l'économie de communion a été racontée dans le livre L'Utopie en marche, François Neveux entrepreneur et inventeur économiquement incorrect, *d'Isaline Bourgenot Dutru, paru en octobre 2007 aux éditions Nouvelle Cité.*

Chapitre III

EXPLOITATIONS FAMILIALES AGRICOLES

UN CHOIX QUI DYNAMISE

Jean-Michel et Patricia Besson vivent avec leurs quatre enfants sur une exploitation de cinquante hectares dans le Valais suisse. Ils produisent de la viande de veau et des fromages de chèvre dont ils assurent la commercialisation. Jean-Michel est ingénieur agronome et Patricia est éducatrice.

Depuis longtemps nous cherchions à vivre notre foi chrétienne de façon concrète et cohérente à travers notre entreprise. L'économie de communion nous en donne la possibilité. En engageant librement les biens de notre exploitation au service de ce projet, nous nous sentons davantage gestionnaires que propriétaires de celle-ci, même si nous le restons en droit. Cela nous a donné une nouvelle liberté vis-à-vis de ce que nous possédons et de ce que nous gagnons.

Curieusement, cette liberté s'est manifestée récemment à propos d'une subvention. Une déclaration légèrement erronée nous aurait rapporté sans aucun risque une aide financière. Bien sûr, cette somme serait revenue à Dieu, dans la masse des bénéfices partagés au nom de l'économie de communion. Mais qu'aurait pu faire Dieu d'un argent gagné malhonnêtement? J'y ai donc renoncé sans regret, ayant découvert que travailler pour Dieu rend plus libre et permet de faire les choix en paix.

Nous faisions des tommes de chèvre et de la viande de veau.

Nous envisagions de nous contenter des veaux, ce qui aurait été plus facile, car les tommes de chèvre demandent beaucoup de travail. Sachant que nous travaillons aussi pour venir en aide à d'autres, et afin d'augmenter la somme qu'on pourrait leur consacrer, nous avons finalement décidé de ne pas supprimer les tommes de chèvre. Une décision heureuse, puisqu'elle a sauvé notre exploitation par exemple lors de la crise de la vache folle. Car malgré la confiance de nos clients dans la viande provenant de notre élevage naturel, les doutes des consommateurs réduisent le marché et nous aurions pu disparaître! Aujourd'hui la production de tommes de chèvre est même en plein essor.

Autre conséquence inattendue du choix que nous avons fait pour notre entreprise. Nous avons appris tous les deux à travailler pour les autres en nous détachant de nous-mêmes. N'étant pas des vendeurs nés, nous éprouvions toujours une gêne pour aller proposer nos produits aux supermarchés et aux restaurants. Sachant maintenant que nous agissons pour aider les frères dans le besoin, cela nous aide énormément pour tous ces contacts. Lors des dégustations dans les supermarchés, Patricia se sent même à l'aise pour aborder librement les clients et leur faire goûter nos fromages…

Cette manière de vivre au service des autres a renforcé notre unité. Travaillant ensemble, nous échangeons constamment nos points de vue sur le développement de l'exploitation, ce qui nous pousse à rester bien d'accord entre nous, pensant également aux besoins et à l'avenir de notre employé.

Avec les autres entreprises engagées dans cette nouvelle forme d'économie, nous nous retrouvons régulièrement pour partager nos expériences, nos difficultés, nos réussites, afin de nous aider réciproquement à avancer ensemble.

En participant aux buts de l'économie de communion, nous nous sentons maintenant solidaires d'une grande espérance : changer les mentalités dans notre société et soulager la pauvreté dans le monde. C'est pourquoi les bénéfices réalisés nous procurent tant de joie car nous savons qu'ils seront partagés.

Jean-Michel et Patricia Besson,
exploitants agricoles,
Suisse, 1997

PARTAGE DES TÂCHES

Marie-Annie et Philippe Picard habitent en Vendée avec leurs six enfants, dont deux adoptés au Brésil. Ils ont un élevage industriel de lapins. Philippe raconte leur histoire où la vie de famille et la vie de l'entreprise se conjuguent avec la dimension du partage.

En 1989, Marie-Annie est allée chercher Étienne dans le Nord-Est brésilien. L'adoption nous apparaissait comme la meilleure solution pour tous les enfants abandonnés de ces régions. Sur le terrain, nous avons compris que de nombreux abandons sont dus à des raisons économiques: chômage, bas salaire... N'y aurait-il donc pas pour ces enfants d'autres solutions que l'adoption à l'étranger?

Quand Chiara Lubich lance deux ans plus tard l'idée de l'économie de communion, précisément au Brésil, c'est pour nous une réponse à un appel profond. Ce pouvait être une manière concrète d'aider les plus pauvres sur un plan matériel, mais aussi et surtout sur un plan humain.

Tout d'abord nous envisageons de vendre notre exploitation et de partir au Brésil en monter une autre. Après avoir essayé de comprendre, avec nos amis du mouvement, ce que nous devions faire, nous choisissons finalement de rester et d'agrandir l'exploitation de façon importante.

Notre exploitation élève des lapins jusqu'à l'âge de l'abattage. Elle comprend 1700 lapines qui produisent 90000 lapins par an dans 1600 m^2 de bâtiments et 1000 m^2 de cages en plein air. Une coopérative commercialise la production. L'exploitation me donne du travail à moi-même et à deux salariés. Marie-Annie travaille quelques heures par mois pour la comptabilité et les inséminations.

Notre souhait était d'inscrire notre entreprise dans le projet de l'économie de communion et d'y contribuer financièrement. Comme pour toutes les autres décisions, nous en parlons aux enfants. Nous nous mettons d'accord avec Marie-Annie sur le principe de donner un tiers de la moyenne des trois derniers bénéfices, et, pour une cohérence de l'entreprise, de veiller à ce que les conditions de travail et de rémunération des deux salariés soient des priorités. Tout semblait très clair.

Mais quelques jours avant d'envoyer mon premier chèque, je refais des simulations de trésorerie. La réalité des chiffres m'incite à la prudence. Tout est alors en point d'interrogation. Je partage cette préoccupation avec Marie-Annie. Elle me rappelle alors le sens profond de notre engagement. Après nous être mis devant Dieu, je signe le chèque en Lui faisant confiance. Je retrouve paix et sérénité et j'envoie le chèque.

Depuis, j'ai obtenu de bons résultats techniques, ce qui a permis d'augmenter les salaires de chacun, de faire face aux annuités des emprunts, et de continuer à investir quand il le fallait.

Mais il ne s'agissait pas de faire notre « bonne action » en envoyant un chèque pour les pauvres une fois par an. Avant tout, nous devions balayer devant notre porte, et remettre en cause beaucoup de choses dans la vie quotidienne de l'exploitation.

En observant la répartition des tâches entre les salariés et moi-même, je constate que je leur laisse surtout les tâches ingrates de nettoyage et de manutention, et que je garde l'essentiel de la partie valorisante du travail, la gestion du cheptel. Pour leur permettre de participer davantage aux soins des animaux, je décide de m'impliquer plus dans les tâches « ingrates ». Ce qui change mes journées, et ce qui change nos relations!

Dans des exploitations comme les nôtres, les rémunérations des salariés sont faibles, peu au-dessus du Smic. J'ai mis en place un système de primes qui vise à relever ces rémunérations de 20 %, ce qui est significatif.

Les lisiers de nos élevages intensifs polluent les rivières. Le respect des normes sanitaires et environnementales est pour notre activité un véritable enjeu économique. La plupart des éleveurs reportent les investissements jusqu'à ce qu'ils y soient obligés ou aidés par des subventions. Nous prenons conscience que la pollution due à notre élevage nuit aux autres. Puisque nous aidons des personnes pauvres dans des pays lointains, nous ne pouvons pas, en même temps, faire du tort à ceux qui nous côtoient. Nous décidons en 1995, alors qu'il n'y a encore aucune obligation de le faire, de lancer de gros travaux pour mettre les bâtiments d'exploitation aux nouvelles normes, avec quelques améliorations techniques. Ces investissements lourds se sont révélés précieux par la suite.

Les contraintes de l'entreprise ont des conséquences sur les horaires, les vacances, les jours fériés et les week-ends. Travaillant pourtant peu sur l'exploitation, Marie-Annie se tient au courant: les soucis, les joies, les projets sont partagés. Pour donner une part des bénéfices, nous maintenons notre décision première, mais nous n'envoyons pas le chèque avant d'avoir l'accord de tous les enfants, en leur expliquant les conséquences pour la famille, par exemple le fait de ne pas remplacer notre vieille voiture.

Au printemps 1997, une maladie du lapin se développe dans de nombreuses régions françaises. À la fin de 1997, notre élevage est touché. En août 1998, la trésorerie disponible de l'exploitation touche le fond (45000 euros en moins sur six mois). Si l'aspect sanitaire reste catastrophique, il faudra arrêter la production fin mars et je devrai chercher un autre travail. Nous remettons cette situation dans les mains de Dieu, et en parlons avec ceux qui vivent l'économie de communion. De septembre à mars, nous retrouvons des résultats corrects et récupérons 30000 euros de trésorerie. C'est tout à fait inespéré.

Fin 1997, tous les éleveurs sont dans la même situation. Le conseil d'administration de la coopérative, dont je suis le trésorier, décide de prendre sur ses réserves pour donner une aide substantielle aux adhérents. Mais comment répartir cette aide?

– au prorata des moyens de production de chacun, ce qui favorise les grosses exploitations?

– ou en fonction des difficultés sanitaires de chacun?

Les avis sont divergents.

Bien que n'y ayant aucun intérêt personnel à ce moment-là, je ne peux qu'être favorable à la deuxième solution. L'Évangile me semble impliquer ce choix et j'insiste pour le mettre en valeur. Un autre membre du conseil d'administration de la coopérative soutient aussi cette idée, mais nous ne sommes que deux sur douze à la défendre. Les discussions sont longues... Nous convenons finalement de panacher les deux solutions, dans l'esprit des valeurs mutualistes, avec au bout du compte, sérénité et respect des uns et des autres.

Ces deux années de troubles sanitaires puis financiers ont ébranlé les structures les plus solides et, au-delà, les hommes. Face à ces problèmes, les éleveurs stressent, deviennent irrationnels dans leurs décisions, dépriment... Je n'ai pas échappé à cet état. Quelques amis du groupe «économie de communion» m'ont aidé à voir au-delà des difficultés.

Un voisin très proche, éleveur comme moi, partage souvent avec moi ses difficultés. Il me dit un jour : « S'il faut continuer seul, ce ne sera pas possible. Être à plusieurs permettrait de sortir du travail, d'être moins stressé et de se battre ensemble pour des projets nouveaux. »

Je me sens interpellé car je peux être la personne qu'il attend, mais je suis réticent. Pourtant, lorsque j'étais étudiant, je voyais l'agriculture sous forme sociétaire comme une des seules d'avenir. Cette idée ne me tente plus du tout aujourd'hui car je l'ai vécue pendant huit ans, avec le positif mais, surtout, le moins drôle de l'aventure. Je n'imagine pas recommencer.

J'en parle avec Marie-Annie qui me dit : « C'est peut-être aussi une démarche d'économie de communion que de mettre des moyens en commun pour s'en sortir ! » Dans cette logique-là, oubliant le passé, je dis à mon voisin : « Pourquoi ne pas essayer ? »

Avec Marie-Annie, nous lui parlons longuement de l'économie de communion, disant combien elle nous dynamise, combien donner nous semble naturel, mais aussi que chacun reste libre... Comment réagira-t-il ? Nous sommes décidés à ne pas donner suite au projet d'association s'il s'oppose sur ce point. Ce n'est pas le cas. Nous passons alors de longs après-midis, seuls, puis avec un conseiller en gestion, pour mettre au point la création d'une société. Nous intensifions l'entraide existant précédemment, et le 1er juillet 2000 nous créons un GAEC (Groupement Agricole d'Exploitation en Commun).

Une nouvelle aventure commence, avec un clin d'œil d'en haut : elle débute par une forte activité et de très bons résultats économiques.

Philippe Picard,
France, 2001

L'association en GAEC a duré plusieurs années, puis chacun a repris son exploitation. Philippe a continué dans la perspective d'embaucher des salariés socialement en difficulté, assumant les risques en temps passé, casse de matériel et difficultés avec les autres employés.

Il cherche aussi une solution au problème de l'épandage des lisiers qui exige de grandes surfaces avec des risques de pollution des nappes phréatiques. Il imagine un procédé pour récupérer sous les cages les excréments solides et en faire de l'engrais. François Neveux, spécialiste de l'assainissement, l'encourage à poursuivre et l'aide à la réalisation concrète du dispositif. Désormais 6 ha d'épandage lui suffisent au lieu de 76 ha. L'engrais obtenu est testé avec succès par un autre entrepreneur de l'économie de communion, Frédéric Dupont, paysagiste. Cette coopération désintéressée, fruit de la relation fraternelle entre ces trois entrepreneurs, a permis de mettre sur le marché un système qui intéresse fortement la profession et contribue à la protection de l'environnement.

LES ABEILLES ET LE FISC

Catherine Sallier, apicultrice en Ardèche, aime ses abeilles qui le lui rendent bien. Elle pouvait se contenter de cette activité, mais pour les plus pauvres de l'économie de communion, ne fallait-il pas aller plus loin?

En 1978, alors que j'attendais mon premier enfant, je décidais de développer l'activité apicole qu'Alain, mon mari, pratiquait en amateur, pour en faire mon métier ici, dans le village que j'aimais.

Je désirais ainsi avoir une activité professionnelle compatible avec la maternité, je voulais aussi promouvoir Chalencon, village moyenâgeux typique de l'Ardèche, en y faisant venir des personnes qui achèteraient le miel produit sur mon exploitation.

Mon entreprise a pris naissance et s'est développée, au long de ces vingt dernières années, en concrétisant mes aspirations premières.

En 1991, lorsque Chiara Lubich a, pour la première fois, parlé de l'économie de communion, j'ai compris que j'attendais cela depuis toujours et que j'étais née pour le vivre: « Voilà enfin un idéal pour lequel cela vaut la peine de développer mon entreprise au-delà de ce qui est nécessaire pour gagner ma vie. »

Aussitôt, j'ai voulu mettre en adéquation cet idéal et la réalité de la vie quotidienne dans ma petite entreprise. Il me semblait évident de remettre en cause tous les secteurs de mon activité sous le faisceau de cette nouvelle lumière qui irradiait toute la vie.

Par exemple : dans le développement de l'exploitation, avec les fournisseurs, avec les clients, par rapport à la législation, à l'administration, dans le travail au rucher également, dans mon rapport avec la nature, avec les autres apiculteurs, dans mes engagements professionnels et syndicaux…

L'économie de communion : il s'agit pour moi de produire des bénéfices pour les partager avec les plus pauvres certes, mais aussi de travailler de telle façon que mon milieu de travail soit un lieu privilégié où se vive la communion entre les hommes et avec la nature.

Bien sûr, chez moi, tout est petit, puisque je travaille seule. À une époque où le chômage sévit très durement, contribuer au projet d'économie de communion passe d'abord par la réalisation d'un objectif que je considère comme prioritaire : fournir un travail à une personne.

En 1992, un jeune en formation professionnelle apicole me demande de l'accueillir en stage pendant six mois. Pour moi, c'est vraiment la main de Dieu tendue : « Tu veux faire travailler quelqu'un ? Alors, voilà tout de suite l'occasion de commencer ! »

C'est le début d'une nouvelle aventure : un stagiaire que je rémunère de façon juste, convenue avec lui.

L'année suivante, je commence à nouveau seule la saison. Une jeune fille me demande instamment de l'embaucher… J'hésite. Ce travail est pénible pour une femme. Et pourrai-je dégager un revenu suffisant pour assumer six mois de salaire ? Devant son insistance, j'accède à sa demande et les six mois se passent si bien qu'elle revient pendant deux ans.

Dès lors, ma décision est prise: je ferai tout pour parvenir à créer un emploi à temps plein permettant de faire vivre une famille.

D'étape en étape, c'est aujourd'hui chose faite. Tony travaille désormais avec moi toute l'année, l'exploitation apicole peut lui assurer un salaire à temps plein, peut-être même une possibilité de l'augmenter d'ici peu.

Pour moi, le fournisseur comme le client, sont avant tout des personnes, et en tant que telles, je désire les respecter et les écouter.

Un jour, je commande à un fournisseur les emballages destinés à renouveler mon stock. Son service commercial m'apprend que cet emballage ne se fait plus. Or ce modèle est tout à fait indispensable au type de commercialisation que je pratique. Colère, consternation, révolte, résignation du «petit» devant les «gros»... tous ces sentiments se bousculent un moment dans ma tête; puis la certitude que ce contretemps peut aussi être constructif devient déterminante.

Je contacte le fournisseur lui-même, décidée à lui demander les raisons de la disparition du produit de sa gamme, et à lui expliquer les avantages nombreux de celui-ci... pour moi, mais aussi pour notre profession. Mon interlocuteur, tout étonné, me remercie de lui donner des éléments qu'il ignorait, et modifie son choix commercial: non seulement il commercialise à nouveau ce produit, mais il utilise également mes arguments pour le promouvoir et développer le partenariat avec la société que je lui ai indiquée. Depuis ce jour, ce fournisseur recherche mon avis lorsqu'il doute du bien-fondé d'un choix.

«Le client est roi», dit-on! D'accord, mais pas à n'importe quel prix, et vivre l'économie de communion invite à vivre autrement cette relation. L'important n'est pas de vendre toujours mais de changer la relation entre vendeur et acheteur.

Une grande surface que je fournis depuis quelques années a changé de gérant et celui-ci me cherche des ennuis dès qu'il me voit. Ça ne va jamais : je livre trop, je ne vends pas assez, je ne livre pas au bon moment, mon rayon est trop important… Devant cette incompréhension, d'un commun accord, nous prenons rendez-vous… Ces moments sont toujours pour moi très intenses : écouter, laisser l'autre s'exprimer jusqu'au bout, ne pas interrompre, ne pas chercher de réponse… et au bout du compte, le différend tombe et mon client me demande une livraison complémentaire.

Une coopérative « bio », cliente chez moi depuis longtemps, cesse un jour de passer ses commandes. Je me rends dans le magasin et constate qu'un autre fournisseur occupe mes rayons, il est moins cher et sous mention « AB » (agriculture biologique). Rien à dire, sinon que le miel proposé ne correspond pas aux appellations florales indiquées, ce qui est une forme de fraude. Pour moi, pas question de dénoncer… Quelques mois plus tard, je reviens en proposant une dégustation comparée à l'ensemble des personnes se trouvant dans le magasin. Le miel de ma production est plébiscité, et je reçois à nouveau les commandes de ce magasin.

Même les ventes par correspondance peuvent être l'occasion de vivre une nouvelle « communion ». Très souvent les clients m'écrivent combien ils sont contents de recevoir ce miel qui leur rappelle les vacances et les bons moments passés à la miellerie. Pourtant, quelquefois, tout ne va pas pour le mieux lorsque les colis n'arrivent pas ou qu'ils sont détériorés et collants ! Alors, c'est encore un moment d'écoute et on essaie de trouver un accord. Pas toujours simple mais toujours constructif.

En agriculture, le régime fiscal du forfait accordé au prises ayant un petit chiffre d'affaires, est très avant La tentation est donc grande, soit de ne pas développ exploitation afin que le chiffre d'affaires ne dépasse pas la limite maximum, soit de camoufler une partie de ce chiffre en vendant illégalement.

Confrontée à cette réalité, je vois bien que je ne peux pas accepter ces pratiques courantes. Freiner une entreprise qui tourne bien et peut produire des bénéfices à redistribuer aux plus pauvres ne peut pas me satisfaire. Par ailleurs, l'illégalité est contraire à l'esprit de l'économie de communion…

Je suis indécise et travaillée… et c'est lors de la rencontre avec les autres entrepreneurs de l'économie de communion, que me viennent la lumière et la force pour trouver comment développer mon entreprise en respectant la législation. Ainsi je trouve la paix, le désir de progresser selon mes convictions, et surtout je m'aperçois que bien des difficultés s'estompent au fur et à mesure.

Un jour, un courrier de l'administration fiscale me demande de régler un impôt dont j'estime ne devoir que la moitié. Lorsque je téléphone dans les services concernés, je me heurte à une incompréhension. Cependant, ce qui me surprend moi-même, je n'ai aucune agressivité. Comprenant bien que mon problème dérange, je remercie chaleureusement la personne lorsqu'elle me renvoie sur une autre administration. De bureau en bureau, je finis par apprendre qu'il me faut rappeler au premier numéro… Mon étonnement est total quand la personne qui m'avait déjà répondu m'accueille avec bienveillance et m'indique toutes les démarches à effectuer. Quelques semaines plus tard, j'apprends que je ne dois rien! Ce jour-là, j'ai mieux compris combien la bienveillance est contagieuse.

Quelquefois, je me demande à quoi sert mon travail, puisque personne n'est témoin du soin que j'y mets. Mais j'ai compris que cela n'a aucune importance, que la seule chose qui compte est de bien le faire et de vivre en harmonie avec mes ruches et la nature qui les entoure. Il est vrai que si cet esprit est celui de beaucoup d'apiculteurs, la difficulté est de s'y conformer lorsque les écueils se présentent…

On parle souvent, lorsqu'on cite la ruche, de l'abeille ouvrière. Si cela correspond à la réalité de la société des abeilles, c'est aussi la relation que j'entretiens avec les ruches : ce sont réellement elles, mes ouvrières. Et je les considère de façon juste en les aimant, en les respectant et en refusant de les exploiter.

Une colonie d'abeilles, qu'on appelle couramment ruche, est un organisme vivant, dont l'autonomie et la capacité à produire dépendent de facteurs sur lesquels l'apiculteur peut ou non agir, mais qui influent directement sur la quantité et la qualité de la production. Quelques exemples me paraissent révélateurs de la relation nouvelle qu'il est possible d'entretenir avec son cheptel, en travaillant selon l'esprit de l'économie de communion.

L'environnement floral et mellifère est l'une des premières conditions de l'autonomie d'une ruche.

Or cet environnement évolue par lui-même au fil de la saison, selon les pratiques culturales liées à l'agriculture, et aussi en fonction des politiques agricole et d'aménagement du territoire. Vaste thème, où le travail sur les ruches côtoie l'engagement professionnel et syndical… Ainsi l'année 2000 nous a joué quelques tours par des variations météorologiques aussi brutales qu'imprévisibles. Un coup de froid de dix jours au mois de juillet, au moment de la miellée principale, a gravement compromis le niveau de la récolte. La réaction des colonies s'est immédiatement avérée préoccupante.

Les ruches auraient pu rester en ces lieux et évoluer vers un hivernage précoce sans intervention humaine... Je n'en aurais alors peut-être pas retrouvé beaucoup de vivantes au printemps, et je pouvais me dire que je n'ai aucun poids sur la nature!

Mais voyant que les ruches souffraient, et contrairement à ma pratique des années précédentes, j'ai recherché ailleurs, sans hésiter à faire plusieurs centaines de kilomètres, les fleurs qui leur manquaient sur place. Beaucoup de fatigue et de travail pour un résultat de toute façon non rentable, en tout cas à court terme. J'ai cherché là, avant tout, le confort de mes abeilles, que j'ai vu « reprendre goût à la vie », et leur état à l'automne était en lui-même suffisamment gratifiant pour que je ne regrette ni les nuits blanches ni le coût économique.

Tellement anodine, cette expérience, que d'aucuns la trouveront simpliste. Pourtant, une conduite des ruches qui recherche d'abord le confort et la santé des abeilles, au-delà de l'incidence économique immédiate, s'est révélée gage de réussite pour l'ensemble de l'exploitation.

Je suis toujours interloquée de constater à quel point j'aime mes abeilles. Lorsque je travaille avec elles, quelles que soient les conditions, et parfois le nombre important de piqûres, quelle que soit la fatigue, la seule chose qui me perturbe est de les trouver malades, tristes ou sans vigueur.

Cependant, dans cette attention évidente au bien-être de mes colonies, la destination finale du produit ne m'est pas non plus indifférente. Pour que les consommateurs de miel profitent des bienfaits apportés par les produits de la ruche (miel, pollen, gelée royale), je recherche une synergie entre les ruches et leur environnement, et je m'efforce, avec la collaboration de mes abeilles, de produire une qualité optimale et toujours supérieure.

Catherine SALLIER,
La Miellerie de Chanteclair,
France, 2001

Chapitre IV

INDUSTRIE ET SERVICES

DEUX ASSOCIÉS SUR TROIS

Appartenant au secteur industriel, comme les trois entreprises dont l'expérience est présentée au chapitre II, la société Sprimoglass, société familiale située à Liège, en Belgique, transforme le verre plat pour fournir des verres isolants, et emploie environ deux cents personnes. Fondée par Michel Pregardien, elle appartient maintenant à ses trois fils qui se partagent les rôles pour la gestion : Pierre est responsable de la production et du personnel, Philippe gère l'informatique, le traitement des commandes et la qualité, tandis que Vincent a en charge la gestion financière et commerciale.

En découvrant l'économie de communion en 1992, Philippe et Pierre Pregardien sont touchés par les valeurs qui en constituent les fondements. D'abord un peu sceptiques, ils cherchent toutefois à mettre ces valeurs en pratique dans leur entreprise.

Pierre :

Responsable du personnel ouvrier, j'essaie de respecter chacun tel qu'il est, d'être à son écoute et de m'intéresser aussi à ce qu'il vit en dehors du travail. Par exemple, en arrivant dans l'entreprise le lundi matin, il m'arrive de demander spontanément comment s'est déroulée la partie de ping-pong dominicale de l'un ou la course de motocross d'un autre.

Certains aménagements des conditions de travail sont appréciés par le personnel parce qu'il se sent considéré. Dernièrement, un ouvrier m'annonce sa décision de partir pour gagner plus ailleurs, pour que sa famille puisse se payer des vacances. Quelques jours après, il me dit que finalement il préfère rester à cause de l'atmosphère de famille qu'il y a dans l'entreprise.

Philippe :

Pour moi, l'esprit attaché à l'économie de communion m'a aidé à ne plus considérer les employés seulement en terme de rentabilité. J'essaie de multiplier les gestes d'attention à leur égard et je constate avec joie que cette attitude est contagieuse parmi mes collaborateurs. Ainsi, il y a deux ans, lors de la fête des secrétaires, j'avais offert un bouquet de fleurs à chacune de nos deux secrétaires. L'année suivante, l'occasion se représentait mais, complètement absorbé par mon travail chez des clients, j'avais oublié les fleurs. En fin de journée, le responsable du secrétariat m'a dit qu'il avait pris l'initiative de commander deux bouquets pour les secrétaires.

Avec mes clients, j'essaie également d'établir une relation plus profonde, basée sur la confiance. Un jour, un client m'appelle pour m'informer qu'il a reçu d'un concurrent une offre meilleur marché. Finalement, la qualité des relations établies avec nous l'incite à décliner cette offre.

Pierre :

Bien sûr, il n'est pas toujours facile de vivre selon l'esprit de l'économie de communion. En premier lieu, nous devons veiller à rester unis entre nous, les trois frères, en tenant compte de notre frère Vincent qui ne s'engage pas pour l'économie de communion. Il nous faut donc parfois abandonner nos idées personnelles pour garder cette entente qui a permis à Sprimoglass de passer de quarante-cinq personnes en 1990 à deux cents dans l'année 2000.

Et comment faire pour trouver l'équilibre entre la concurrence et le respect de l'autre? Le choix de ne réaliser aucune prestation au noir nous donne une grande paix, mais c'est une décision qu'il faut renouveler chaque jour car les tentations sont grandes quand les clients le réclament. Nous leur expliquons que nous tenons à leur apporter les garanties les plus complètes, ce qui exige cette transparence. Nous pensons que cette attitude pourra progressivement faire changer les mentalités de nos partenaires.

Chaque année, comme administrateurs, nous percevons des dividendes. Avec Philippe, nous nous concertons pour voir le montant que nous donnons. Cet argent est envoyé au centre du mouvement des Focolari pour être redonné dans le monde aux personnes qui sont démunies de ressources.

Philippe et Pierre Pregardien,
Société Sprimoglass,
Belgique, 1999

UN CABINET D'ARCHITECTURE

Giovanni Nobile, architecte à Lugano dans le Tessin suisse, emploie trois employés. Il avait commencé par travailler dans le but d'acquérir un statut professionnel et d'assurer sa sécurité financière. Puis il a rencontré l'économie de communion…

En rejoignant ce projet, j'ai compris que je ne pouvais plus gagner ma vie aux dépens d'un client. Le travail devait répondre aux conditions fixées, mais se fonder d'abord sur la qualité et non sur le gain. J'ai dû renoncer à obtenir le maximum de contrats à réaliser dans le minimum de temps pour encaisser au plus vite mes honoraires, ce qui me conduisait à négliger la qualité du service fourni.

Au début, cette nouvelle conception du travail, et du client, a heurté mes employés. Me voyant manquer d'agressivité pour obtenir à tout prix les contrats, il leur a fallu quelque temps pour saisir mon nouvel objectif. Ils me voyaient prendre le temps d'informer à fond les clients éventuels des conséquences de leurs demandes, les laissant même libres, s'ils le jugeaient bon, de traiter avec un confrère.

De ce fait est apparu un nouveau style de relations. Je confie à Dieu l'issue des contrats, sachant qu'il nous obtiendra suffisamment de commandes si nous travaillons comme il l'attend de nous. Je ne cherche plus à imposer mes idées. Mon objectif est maintenant de savoir ce que désire le client pour ensuite le réaliser le mieux possible.

Je vais au fond des choses avec tous les clients, en tenant compte de leurs suggestions et de leurs corrections. Des solutions nouvelles apparaissent souvent au cours des discussions. Ainsi s'établit un rapport de confiance dans nos relations professionnelles, mais aussi de personne à personne. Avec mes employés, je me suis mis à discuter en détail du travail avec eux, et à prendre en compte avec soin leurs suggestions. Cela a créé un nouveau rapport de confiance entre nous.

Dans ce monde souvent laid, j'ai découvert que, comme architecte, en y mettant une très grande attention, je peux aussi contribuer à y apporter un peu d'harmonie.

Le fait d'avoir fait la place à Dieu dans ma vie professionnelle a pour ainsi dire déplacé le centre de mes préoccupations : ce n'est plus le gain, mais l'homme. Mon cabinet n'a pas fait faillite, comme l'avaient craint mes employés, et désormais, en toute liberté, à l'achèvement d'un contrat ou à la fin de l'année, je peux verser une somme à l'économie de communion.

Giovanni NOBILE,
Suisse

L'ASSOCIÉ CACHÉ DU LABORATOIRE

Carlos et sa femme Cristina sont pharmaciens tous les deux et associés dans un laboratoire d'analyses médicales au Portugal. Ils sont très attentifs aux relations avec leur personnel et leurs clients, et parlent d'un troisième «associé».

Carlos :

Notre entreprise a été créée en 1982, au début de notre activité professionnelle. Nous voulions créer une entreprise différente, où les rapports humains auraient la priorité, avant la recherche du profit et de la réussite personnelle.

Nous avons commencé avec très peu de moyens. Au début, nous assumions tous les deux toutes les tâches, le travail technique aussi bien qu'administratif, la stérilisation comme le nettoyage du matériel et même le ménage...

Un jour, une cliente qui venait pour la première fois à notre laboratoire nous a parlé de ses difficultés. Elle était restée veuve avec trois jeunes enfants. Elle n'avait jamais travaillé à l'extérieur et elle avait besoin de trouver d'urgence un emploi. Pour des raisons économiques, nous n'envisagions pas d'engager du personnel. Mais, face à cette situation, nous avons décidé de l'embaucher, malgré nos propres difficultés. Au fil des années, nous voyons notre activité se développer de jour en jour, et nous constatons que des gestes tels que celui-ci ont été finalement un apport pour l'entreprise.

Une autre fois, c'était une jeune femme seule avec des enfants qui traversait une période de grande épreuve. Elle avait vécu dans une certaine aisance, jusqu'au jour où elle s'était retrouvée sans ressources, sans aucune expérience ni grandes qualifications professionnelles. Elle nous demandait un emploi pour essayer de sortir de la profonde dépression où elle était plongée. Le poste alors disponible consistait à accueillir les clients. Il n'a pas été facile du tout d'assumer son incapacité à communiquer avec les autres, car sa souffrance l'empêchait même de sourire. Cependant, grâce à la collaboration de tout le personnel, elle a pu le surmonter. Aujourd'hui, c'est une personne complètement transformée, joyeuse, bien intégrée. Elle est parmi les employés du laboratoire qui contribuent le plus à la bonne ambiance de travail.

Depuis plusieurs années, nous accueillons des personnes qui ont connu la drogue. Nous pourrions raconter un grand nombre d'expériences à ce sujet, certaines menées avec succès, d'autres moins. Quoi qu'il en soit, nous sommes convaincus que le plus important est de ne pas perdre courage, d'être ouverts aux situations telles qu'elles se présentent, et d'inviter les jeunes que nous rencontrons à vivre avec nous une expérience différente.

En 1991, nous avons aussitôt désiré adhérer au projet de l'économie de communion. Nous venions tout juste d'acheter de nouveaux équipements et notre entreprise comptait déjà dix employés. D'un point de vue économique, la situation n'était pas simple car nous étions endettés. Mais, pour répondre au défi proposé, nous avons décidé de donner une certaine somme d'argent, dès cette année-là.

En 1998, nous avons cinquante employés. Notre entreprise s'est assez bien développée malgré la crise qui frappe notre secteur d'activité. Nous y voyons la main de Dieu.

Quelques employés de notre laboratoire partageaient déjà l'esprit qui nous anime. Cependant, nous essayons d'expliquer à tous ceux qui travaillent dans notre laboratoire les options que nous prenons et, surtout d'en témoigner par notre vie. Ils se sentent de cette manière partie prenante de l'entreprise et ils ont à cœur d'y entretenir des rapports humains harmonieux, fondés sur l'accueil, l'aide réciproque et le respect de l'autre.

Cristina :

La vie de l'entreprise est faite de moments faciles, mais aussi de beaucoup d'autres, plus difficiles.

Au Portugal, les analyses médicales sont en général payées par différents organismes de sécurité sociale. Cette année, nous avons vécu une situation particulièrement compliquée et douloureuse. Un organisme public nous a adressé une lettre rompant unilatéralement le contrat que nous avions avec lui depuis un certain nombre d'années et qui représentait environ 30 % de notre chiffre d'affaires. Il nous semblait que les raisons invoquées n'étaient pas justes et nous nous sentions impuissants. Nous avions peur, car nous ne trouvions aucune aide pour préparer notre défense.

Je suis aussi professeur d'université et, comme j'étais surchargée de travail, j'ai laissé Carlos affronter le problème. La date de la fin de notre contrat approchait, quand je me suis aperçue que les démarches qu'il avait faites étaient insuffisantes. Je me suis demandé si je n'avais pas laissé Carlos porter seul le problème et si j'avais bien fait ma part pour le résoudre. Me rendant compte que non, je lui ai demandé pardon de mon peu d'engagement personnel, et je me suis efforcée de rétablir avec lui l'unité que j'avais rompue par mon attitude. J'ai cherché un soutien auprès de différentes organisations professionnelles, auprès de collègues qui, tout en me donnant raison, avaient peur de se compromettre directement. Ils avaient presque tous des contrats avec la même institution et craignaient des représailles.

Nous nous sommes retrouvés seuls pour constituer un dossier technique et scientifique, afin de combattre les arguments utilisés pour dénoncer notre contrat. Cependant, nous n'avons pas réussi à changer la position du directeur général de cette institution et nous avons perdu cette convention.

Cette rupture du contrat nous a donné conscience davantage de la responsabilité qui repose sur nos épaules. Au fond, nous traversions un moment d'épreuve et il nous fallait faire confiance à un troisième associé, Dieu. En effet pour nous, Dieu est comme un véritable associé, un partenaire avec qui nous partageons nos bénéfices, mais qui se préoccupe aussi de notre entreprise. Nous avons donc compté sur son aide pour résoudre ce problème et, quelques mois plus tard, de façon tout à fait inattendue, le directeur de l'institution a reconsidéré sa décision et a rétabli la convention avec nous.

Carlos :

Pour conclure, je voudrais dire que nous avons la joie de pouvoir chaque année augmenter notre participation au projet de l'économie de communion. Cette année, nous avons même réussi à distribuer des bénéfices à nos employés. C'est pour nous la preuve que, plus l'entreprise donne, plus elle se développe. Il nous semble que là est le secret que l'économie de communion a apporté à notre entreprise et à beaucoup d'autres.

Carlos et Cristina MARQUES,
Portugal, 1999

CLIENTS ET CONCURRENTS

Frédéric Dupont est responsable d'une société d'aménagement et d'entretien des espaces verts près de Lille. Il raconte l'histoire de cette entreprise, à travers des faits concrets où l'on voit que le respect de chacun est tout un art de vivre. Le lien vital avec d'autres chefs d'entreprise lui donne la force d'être fidèle à ses choix.

C'est en 1984 que « L'Agrément du Jardin » est né. Mon père, qui travaillait alors dans le tissage, avait choisi de se reconvertir professionnellement suite à un licenciement économique. Après deux années de « retour à l'école », il décide de monter une entreprise de jardinage. Parti avec une dizaine de clients, il réalise, lui qui s'était retrouvé sans travail, l'un de ses souhaits les plus chers : au bout d'un an il embauche son premier salarié.

Puis, petit à petit, l'entreprise se développe, se transforme en SARL en 1992 et compte aujourd'hui environ deux cents clients et sept salariés en moyenne sur l'année. Les actionnaires sont mon père, mon frère et ma sœur, et moi-même qui ai la gérance.

La philosophie de notre activité est de créer des jardins accessibles à tous, adaptés à chaque client et qui, d'une certaine manière, lui ressemblent. À travers cela, nous désirons transmettre l'amour du jardin et d'une certaine harmonie. Lorsque je suis chez les clients, j'attache beaucoup d'importance au consensus familial : chacun, chez eux, doit être d'accord avec le projet.

«Faire du jardin un agrément, un plaisir.» À partir de cette idée, c'est en premier lieu avec notre personnel que nous cherchons à communiquer cette passion pour le jardin, quelles que soient ses tâches. Nous cherchons aussi à établir un climat de confiance entre eux et avec nous, en prenant du temps pour dialoguer, considérer les situations de chacun, bien accueillir le nouvel embauché, ce qui n'est pas toujours simple. Une fois, il y avait une tension entre deux salariés dont l'un venait d'arriver. Nous avons cherché à comprendre en faisant s'exprimer les deux intéressés, ce qui a permis un petit changement d'attitude de l'un, et une relation normale a pu redémarrer. Il faut néanmoins rester attentif.

En 1991, lorsque l'économie de communion est proposée, nous y adhérons tout de suite. Pour nous, il s'agit d'adhérer à une économie, une façon de gérer l'entreprise où l'homme est à la première place.

Concrètement, nous nous sentons engagés à vivre de cette manière dans tous les secteurs qui composent l'entreprise et avec tous ses interlocuteurs: salariés, clients, fournisseurs, concurrents... Nous privilégions toujours une relation de confiance fondée sur le respect mutuel. Et cette attitude n'est pas du tout déconnectée de l'exigence professionnelle que chacun doit avoir.

Par exemple, avec un salarié que nous formons comme chef d'équipe, cela faisait trois fois que je lui demandais de bien remplir ses fiches de chantier qui servent à la facturation. Mais rien n'y faisait: il était «le nez dans le guidon» et ne s'arrêtait pas cinq minutes le soir pour noter ce qu'il avait fait dans la journée. Qu'est-ce qui pouvait l'aider: méthode radicale?.. J'ai compris qu'il fallait que je passe du temps et que je lui montre tout le processus de la facturation réalisée par la comptable: clients à facturer, en attente de facturation, les contrats d'entretien, les devis, le travail en régie… Nous avons passé une heure : ça a déclenché chez lui une bien meilleure rigueur. À moi de le soutenir pour que cela dure.

Nous pensons qu'il est indispensable de respecter nos confrères. Il y a quelques semaines, je suis contacté par un client pour l'établissement d'un gros devis d'élagage. Au fil de la discussion, je me rends compte que ce dernier est déjà en possession d'un devis d'une entreprise installée dans le secteur. Néanmoins, je rentre au bureau, établis mon prix et l'envoie au client. Il me rappelle quelques jours plus tard me demandant un effort commercial. Au téléphone, je lui fais une remise et là, il m'annonce le prix du devis concurrent. Nous sommes à quelques dizaines de francs près. Si je veux avoir l'affaire, il suffit simplement, me dit-il, de me positionner juste en dessous. Cette histoire me travaille et me gêne. C'est juste une question de prix, pas de prestation. J'en parle à mon père lui demandant son avis. Après avoir pesé le pour et le contre, une phrase résonne en nous : « Ne fais pas aux autres ce que tu ne voudrais pas que l'on te fasse », nous décidons alors de confirmer notre prix quitte à perdre l'affaire, ce que j'ai fait. Effectivement nous avons perdu l'affaire. Il n'est jamais évident de savoir quelle attitude adopter afin d'être cohérent avec ce qui nous semble juste, c'est pourquoi un des aspects précieux de l'économie de communion est de pouvoir partager nos expériences, nos situations d'entreprises avec d'autres entrepreneurs adhérant au projet.

Je pense à Catherine, apicultrice, nous racontant son souci constant d'être dans la vérité, la légalité alors que les pratiques professionnelles dans ce domaine sont tout autres. L'important également pour elle c'est d'embaucher un salarié, de respecter l'environnement, véritable don de Dieu à ses yeux et qu'elle refuse d'abîmer avec des pratiques culturales discutables.

Je pense à Fernand et Éric, entrepreneurs en bâtiment, qui ont orienté leur entreprise vers l'insertion et qui se donnent pour accompagner chaque salarié dans son travail.

Je pense à Étienne, responsable d'une boulangerie industrielle, et qui décide de développer un point de vente local avec la perspective, non pas de la seule rentabilité, mais le souci de partager les fruits de cette activité.

À travers ces échanges, nous recevons un éclairage et surtout nous avons le sentiment d'être en lien, de porter l'entreprise de l'autre, les soucis, les joies comme dans une famille.

Le partage du bénéfice que nous réalisons librement arrive donc comme une conséquence de ce que nous vivons dans l'entreprise. Chaque année, en fonction des résultats obtenus, nous l'affectons de cette manière: une partie est redistribuée au personnel sous forme de prime de fin d'année, ce qui dans notre secteur d'activité, n'est pas courant; une partie reste dans l'entreprise pour son développement; une partie est versée pour l'économie de communion. Cette dernière partie est variable et décidée en concertation avec les actionnaires qui font tous partie de la famille. Nous en parlons aussi à nos conjoints.

Pour moi, cette décision du montant qui sera donné est un moment essentiel. Je revois toute l'année de travail: les difficultés, les chantiers réalisés sous la pluie, les incompréhensions… mais aussi les moments de joie, les nouveaux marchés… Je me dis que tout ça prend du sens: pouvoir partager, donner à ceux qui n'ont rien et qui sont de ma famille humaine, et d'autre part promouvoir cette culture du don qui me tient à cœur.

Participer à l'économie de communion, c'est aussi me sentir relié aux sept cents entreprises adhérentes au projet sur tous les continents. Nous avons l'occasion de nous retrouver deux fois par an avec les chefs d'entreprise français. C'est une chaîne encore petite mais déjà bien réelle.

Enfin être dans cette économie de communion, c'est pour moi la réponse que je peux donner à Jésus qui a dit: « Tout ce que vous avez fait au plus petit d'entre les miens c'est à moi que vous l'avez fait. » Bien sûr il y a des moments de doute. Même en faisant toute ma part, je me rends compte finalement que je ne maîtrise pas tout. L'imprévu me bouscule, me fait peur. Pourtant j'essaie de l'accepter avec confiance. En décembre 1999, j'attendais la réponse pour un appel d'offres sur un gros marché représentant 20 % de notre chiffre d'affaires et qui nous était attribué depuis cinq ans. On m'annonce que nous ne sommes pas retenus. Stupeur! J'apprends que l'entreprise retenue avait répondu à un prix très bas, défiant toute concurrence. J'ai passé quelques mauvaises nuits et j'en ai voulu au repreneur. Quelques jours plus tard, coup de téléphone de celui-ci: il nous propose de nous sous-traiter une partie du marché. Re-stupeur! Je conviens d'un rendez-vous avec la ferme intention de régler mes comptes. Mais en parlant avec l'un des chefs d'entreprise qui participent à l'économie de communion, je décide plutôt de chercher à comprendre et à écouter ce chef d'entreprise concurrent. Il y a eu un échange sincère. Aujourd'hui, je ne connais pas toutes les suites de la perte de ce marché, mais il y a déjà des points positifs: de nouvelles commandes de jardins que je n'attendais pas sont arrivées… conséquence aussi du fait que nous nous trouvons plus disponibles dans notre démarche commerciale. Et tout dernièrement en clôturant l'exercice comptable, les résultats semblent meilleurs que l'année précédente.

En 2001, notre entreprise est rentable et il y règne, je crois, un bon climat entre les personnes mais je sais que dans la vie d'une entreprise, rien n'est figé, l'équilibre est constamment à trouver. Je ne sais pas comment sera demain, mais je sais que je veux rester dans cette attitude que propose l'économie de communion, celle où l'homme est à la première place, et pour cela je ferai le maximum.

Frédéric Dupont,
L'Agrément du Jardin,
France, 2001

EMPLOI DES EXCLUS

Des coopératives de la région de Gênes en Italie ont été créées dans une perspective sociale, en particulier pour la réinsertion par le travail. Elles adhèrent à l'économie de communion, ce qui entraîne des répercussions.

La coopérative Roberto Tassano a vu le jour en 1989, à Sestri Levante, grâce à deux techniciens dans le domaine de l'électroménager. Habitués à travailler dur, ils n'ont cependant jamais envisagé d'accumuler les bénéfices de leur travail. Ils utilisaient les marges bénéficiaires qui dépassaient les besoins de leurs familles pour aider les personnes en difficulté qu'ils rencontraient : chômeur, femme seule avec un enfant, jeune drogué. Ils les aidaient surtout en leur offrant un emploi sans avoir toujours a priori un poste à pourvoir.

Mais le moment est venu où cela n'a plus suffi, et ils ont transformé leur activité en coopérative à laquelle ils ont donné le nom de Roberto Tassano, un jeune ami, engagé avec eux dans cette création, décédé prématurément. La coopérative s'est constituée en entreprise de production, pour pouvoir « faire quelque chose de plus » que des dons à titre personnel, pour être une activité économique dont le but ne serait pas seulement de faire des bénéfices, mais aussi de contribuer à résoudre les problèmes sociaux.

La coopérative est née aussi de l'engagement de Mariangela

Milanta, assistante sociale dans une entreprise de métallurgie, de Pierangelo Tassano, ouvrier syndicaliste et grand invalide, de Diego Ferri, ouvrier métallurgiste, de Paolo Venzano, directeur d'un organisme public... avec vingt-six associés, dont dix-neuf apportaient une participation au capital pour un total équivalent à 2 000 euros seulement, et cinq employés. Il faut dire que les experts étaient plutôt pessimistes sur ses chances de succès.

En 1991, cette coopérative adhère à l'économie de communion.

Depuis lors, elle n'a cessé de se développer. À la demande de Caritas (Secours Catholique), elle intègre à ses activités un atelier protégé qui donne à des personnes handicapées physiquement ou mentalement un travail rémunéré par un petit salaire. Elle se voit aussi confier la gestion d'une maison de retraite pour personnes âgées, qui est maintenant très appréciée dans la région. Puis naissent deux autres coopératives sociales qui se consacrent à l'insertion professionnelle de personnes ayant un handicap mental, d'anciens toxicomanes et de détenus en liberté surveillée. Elles produisent entre autres des combinaisons et du matériel de plongée, des « yeux » en plastique pour les poupées, et collaborent étroitement avec les structures publiques, les syndicats, les autorités politiques et administratives. Tout le monde voit dans cette expérience une réponse positive – attendue depuis longtemps dans la région – pour répondre aux problèmes sociaux, en particulier le chômage. En 1998, l'union des coopératives Tassano donne du travail à 380 personnes, dont quatre-vingt-six proviennent de situations précaires, pour un chiffre d'affaires de dix millions d'euros.

Ce groupement de coopératives a été choisi par le Délégué régional à l'Industrie de Ligurie comme expérience pilote lors d'un récent congrès de la région. À cette occasion, Giacomo Linaro, l'un des deux fondateurs, relevait : « Tous voient dans cette entreprise une espèce de miracle économique. Nous croyons que celui qui constitue une entreprise à caractère social ne peut le faire que s'il a en lui une forte motivation. Pour nous c'est la culture du don, comme nous aimons l'appeler. Nous avons eu la visite de nombreux professeurs et étudiants en économie, en psychologie, en théologie, ainsi que d'autres personnes. Ils nous demandent souvent : "Qui vous aide à réaliser tout cela?" Nous leur répondons que tout repose sur deux éléments : d'une part l'entente profonde dans le groupe dirigeant, et d'autre part les très nombreuses interventions de la providence de Dieu que quelqu'un a défini comme "l'associé invisible". Mais notre expérience ne serait pas complète si nous ne parlions pas du projet de l'économie de communion. »

Le directeur administratif explique en quoi consiste cette contribution à l'économie de communion. « Chaque année, les assemblées générales des onze coopératives du groupement décident comment participer concrètement à l'économie de communion en affectant librement une partie des bénéfices à ce projet. Il est important de souligner que cette participation est l'expression de tous les associés qui, en assemblée, délibèrent sur la destination d'une partie de leurs profits. Il est évident que chaque employé-associé est partie prenante d'une telle décision, ce qui montre à quel point il est important que tout le monde soit pénétré de cette mentalité nouvelle. »

Un petit fait raconté par Giacomo Linaro illustre bien cet esprit de la coopérative Tassano :

« Un jour je me suis trouvé dans le bureau du service de dépannage. Une dame est entrée et a demandé une pièce de rechange. Les techniciens, ne la trouvant pas, ont répondu qu'ils ne l'avaient pas. Mais je me suis rappelé que quand je réparais les machines à laver, on avait cette pièce. Où donc était-elle passée? J'étais pressé mais je me suis mis à chercher la pièce qui a finalement été dénichée. La dame était contente et nous avons commencé à parler. C'était une Américaine, écrivain, qui était en vacances. En la raccompagnant, je lui parle de la coopérative Tassano et je lui donne un article de journal.

«Quelques jours plus tard elle me dit qu'elle veut informer la communauté italienne de Miami, où elle habite, de notre expérience et elle propose de soutenir financièrement la coopérative. Cela me fait penser que, depuis nos débuts, chaque contact est une occasion de faire ce genre d'expérience: plus se nouent des relations vraies et profondes, plus les aides concrètes arrivent, signe que nous sommes sur la bonne route.

«Maintenant aussi il doit en être ainsi, et encore plus puisque nous sommes beaucoup plus nombreux. Souvent je me demande: mais qu'est-ce qui met en route cette providence qui nous arrive et qui nous permet de progresser? Ce n'est certainement pas le hasard, ou le "marché", ni nos capacités personnelles à diriger: c'est seulement l'amour, l'amour que nous cherchons à donner dans le travail, dans l'accueil des personnes les plus faibles, dans le fait d'être ouvert à tous, dans les relations entre nous. Tout cela fait bouger Quelqu'un qui suit pas à pas notre histoire.»

En 2001, le groupement comprend vingt coopératives et génère un chiffre d'affaires supérieur à vingt-et-un millions d'euros. Il emploie environ huit cents personnes: cinq cents dans des maisons de retraite et des structures d'accueil, deux cents dans des ateliers protégés à caractère industriel où la moitié du personnel est handicapé, sortant de prison ou de la drogue, et cent dans des coopératives d'imprimerie ou du bâtiment.

Les observateurs sont impressionnés par le taux de croissance de 70 % en moyenne par an depuis la création de la première coopérative.

Groupement de coopératives Roberto Tassano, Italie
D'après des articles parus dans la revue
Économie de communion, 2001

Cet ensemble de coopératives a poursuivi son développement en reprenant la gestion d'autres structures, et en en créant de nouvelles. En 2006, le groupement Tassano comportait une cinquantaine de coopératives, donnait du travail à 1 300 personnes, dont 150 ayant divers handicaps ou auparavant chômeurs de longue durée. Bien que ces recrutements aient été nombreux et complexes, la priorité a été donnée à une relation forte entre tous, dans un esprit de communion.

Ces coopératives, même si elles privilégient le recrutement de personnes en grande difficulté, doivent être compétitives sur leurs marchés. Ce sont des structures privées, non subventionnées, mais dont l'apport à la société est maintenant reconnu : quand des règles d'urbanisme ont imposé la destruction de leur établissement à Sestri Levante, les collectivités locales ont décidé de construire pour eux de nouveaux locaux à proximité.

Comme le remarquait un observateur extérieur : « Ces coopératives démontrent que l'on peut aussi vivre l'économie de communion dans le secteur social. » « Nous adhérons au projet de l'économie de communion, souligne le vice-président, et nous voulons qu'à l'avenir une plus grande part de nos bénéfices puisse être partagée pour ses finalités. »

Chapitre V

FACE À L'ÉPREUVE

PREMIER ÉCHEC

Le désir de participer à l'économie de communion ne suffit pas à garantir le succès de l'entreprise. La création d'une entreprise reste une aventure difficile et risquée. Olivier Benoît, même s'il a connu l'échec, garde une foi intacte en l'économie de communion.

Dans les années quatre-vingt-dix, quand j'ai entendu parler de l'économie de communion, j'ai tout de suite été intéressé par une telle ouverture aux autres. Je suis mécanicien et je travaillais à l'époque dans une usine. J'ai déjà eu envie de monter mon entreprise, et cet appel me décide à chercher un projet pour me lancer tout de suite.

Sur les conseils d'un ami qui travaille dans la maintenance informatique et avec l'aide de plusieurs autres personnes, je prends tous les renseignements sur des sociétés de service qui font le nettoyage des matériels informatiques, en lien avec un fournisseur de produits spécialisés. J'étudie ce marché dans ma région, je démarche des sociétés qui peuvent être intéressées, je leur fais des propositions de service, et les résultats d'ensemble me paraissent encourageants. Surtout, j'obtiens l'accord verbal du responsable de cette question dans une grande brasserie qui m'assure un gros contrat, l'équivalent d'un mi-temps sur toute l'année, à condition bien sûr que mon entreprise soit montée dans les règles. Ce contrat me permet de me lancer.

Je quitte mon emploi, et en trois semaines, toutes les

démarches pour la création de la société Aspect Clean sont faites. Mais quand je propose de commencer pour la brasserie, grosse surprise, il y a eu une restructuration, le responsable qui s'est engagé a quitté son poste, et le contrat n'est jamais signé!

Du jour au lendemain je me retrouve sans travail, alors que j'ai trois enfants et des traites à payer pour la maison. Mais je décide de poursuivre mon projet, de monter cette entreprise pour participer à l'économie de communion. Je reprends en même temps un travail en poste de nuit pour quatre mois chez mon ancien patron, je dors le matin, et l'après-midi je repars pour prospecter ou exécuter le travail chez mes premiers clients. L'affaire démarre progressivement, avec des grosses semaines et souvent des semaines creuses. Quand les bons mois me permettent de verser un peu pour l'économie de communion, je suis heureux de pouvoir le faire.

Pendant quatre ans, ce travail avec mes clients me plaît, et eux aussi sont contents – tous payent comme convenu – mais je n'ai rien de régulier, ce qui est très difficile. Dans les périodes creuses, je gagne à peine le SMIC. Je reprends alors un travail en intérim, en poste de nuit ou du matin, pour pouvoir continuer à réaliser mes contrats l'après-midi.

Les journées sont dures et longues, et les répercussions sur la famille se font sentir. Trouver de nouveaux clients devient de plus en plus difficile. Je constate aussi que tous ceux qui ont lancé des entreprises analogues dans d'autres régions ont dû arrêter les uns après les autres.

Avec ma femme, nous voyons que je suis trop pris, toujours parti pour exécuter le travail ou pour chercher des clients. Il faut que je l'accepte: malgré ce but élevé et important d'aider les autres, je ne peux plus continuer.

D'ailleurs je comprends aussi que pour toutes les entreprises engagées dans l'économie de communion, il y a toujours cette même nécessité que l'entreprise marche, sans quoi rien n'est possible.

Nous décidons donc que j'arrête l'entreprise. Je retrouve un travail, d'abord comme réceptionnaire dans un grand garage. Le patron, à qui j'explique ma situation, me permet de prendre des journées pour terminer tous mes contrats en cours. Ce travail, puis un autre, me convient bien, à nouveau.

Ma situation de salarié nous rend la vie beaucoup plus facile, et donne une sécurité importante à notre famille. Mais je suis profondément convaincu que je dois garder confiance et me relever après être tombé. Et comme je pense toujours que c'est important pour moi de pouvoir contribuer à l'économie de communion, je me suis remis à la recherche d'un projet qui me le permette. J'ai une idée qui paraît solide, deux brevets sont déposés et un prototype vient d'être réalisé dans une entreprise engagée aussi dans l'économie de communion. Mais la commercialisation reste à organiser : à nouveau l'aventure?

Olivier Benoît,
Aspect Clean, nettoyage de matériels informatiques,
France, 2001

LA MALADIE

Quand la maladie vient briser l'élan de l'entrepreneur, le priver de ses forces, que signifie alors l'économie de communion pour lui? Un entrepreneur belge, Piet Heyse, témoigne de ses épreuves et de sa confiance.

En 1993, mon épouse Agnès et moi-même, ainsi que nos amis Koen et Lieve, sommes très touchés par les idées de l'économie de communion. Ensemble, nous décidons alors de créer une société pour tirer profit de mon activité de consultant et de celle de nos amis. Notre but est d'assurer un revenu suffisant pour nos familles et aussi, comme pour toute entreprise, de faire des bénéfices.

Les bénéfices réalisés sont alors utilisés en partie pour garantir la pérennité et la croissance de l'entreprise. Nous voulons aussi mettre de côté un capital qui puisse servir à lancer dans notre pays, en Afrique ou en Amérique du Sud, une petite entreprise du même type.

Dès le début j'ai beaucoup de travail. Mon épouse Agnès me rejoint pour assurer les tâches administratives et comptables. Au bout d'un an, nous avons largement assez de travail, parfois même trop. En pensant à notre but, nous trouvons les forces pour y faire face. Étant submergés de travail, nous décidons d'embaucher une collaboratrice, puis une autre.

Pendant quelques années, nous obtenons des bénéfices limités mais encourageants. Nous réfléchissons ensemble sur ce qu'on pourrait en faire, et finalement, chacun décide librement de destiner sa part des bénéfices à l'économie de communion.

Dans ce contexte, nous essayons de vivre de manière concrète ce que nous propose l'Évangile : donner la première place à l'autre, dans les relations entre nous et aussi avec nos clients. Nous ne voulons pas considérer le client comme une source de revenus, mais plutôt vivre la joie d'être à son service et le lui témoigner réellement et le mieux possible.

Dans l'exercice de ma profession j'ai souvent expérimenté combien le chef d'entreprise est confronté à la solitude, même s'il est entouré de collaborateurs. J'essaie de résoudre ce problème en étant attentif, en écoutant, en perdant mes propres idées, en un mot en me glissant dans la peau de l'autre de manière à lui faire sentir un peu ce que je vis au plus profond de moi-même. Ainsi, dans cette collaboration, nous trouvons souvent la meilleure solution à chaque situation.

Inutile de dire que cela n'est pas toujours évident. Même si nous réussissons à avoir cette attitude, nous sommes parfois confrontés à une certaine méfiance ou à de l'incompréhension. Nous avons connu des échecs! Bien souvent, dans le concret de mon travail, je me suis trouvé devant des situations difficiles à résoudre, de fortes tensions, et mes moyens étaient limités. J'ai souvent observé à ces moments-là que Dieu ne nous laisse pas seuls, que la providence est une réalité, même dans l'échec.

Pour Agnès et pour moi, cette conviction prend tout son sens depuis ces dernières années, parce que je suis malade et que la maladie m'empêche d'exercer ma profession. Nous nous posons souvent la question : pourquoi?

L'angoisse de l'avenir nous a fait passer de nombreuses nuits blanches. En fait, j'avais toujours été très occupé. Il était impensable pour moi de me retrouver sans pouvoir faire grand-chose, et même plus rien du tout. Nous avions de bons revenus, mais depuis un certain temps, ils se sont sensiblement réduits. Nous avons d'ailleurs toujours essayé de partager ce dont nous n'avions pas directement besoin. Alors, le doute nous a parfois assaillis : n'avons-nous pas été naïfs ? Avons-nous eu raison de nous fier à la providence ? Avons-nous vraiment assumé toutes nos responsabilités ?

À travers l'amour concret de nos enfants et des nombreux amis qui essaient de nous aider dans cette épreuve, nous avons appris à ne pas vouloir tout faire. Quelqu'un s'occupe de nous. L'amitié, le soutien, la compréhension de la famille et de nombreux amis nous ont permis de garder la joie.

Un de nos clients, par exemple, a mis à notre disposition un appartement au bord de la mer où nous pouvons passer régulièrement quelques jours. Son geste nous a beaucoup surpris. En effet je faisais seulement mon travail et j'étais payé pour cela. Mais ce client a remarqué que « quelque chose en plus » inspirait mon travail et il a voulu y contribuer de cette façon.

Pendant ce temps, l'activité de notre société s'est limitée au minimum. Malgré tout, nous tenons bon, avec Koen et Lieve, et nous cherchons toujours comment contribuer à l'économie de communion. Sur le plan financier nous trouvons des astuces pour pouvoir faire quelque chose de temps à autre. Personnellement, j'ai le sentiment de pouvoir encore agir en partageant mon savoir-faire et mon expérience professionnelle à nos amis qui participent à l'économie de communion. Ces derniers temps, je m'occupe de gérer de façon optimale les ressources qui restent disponibles dans notre société.

Parfois, j'ai de grandes inquiétudes à cause de l'évolution de ma maladie. J'avais envie d'un nouvel ordinateur parce que le mien était dépassé. Mais je me demandais si cela avait encore un sens. En plus, je trouvais que, vu les circonstances, ce n'était pas justifié. L'ayant appris, un de mes anciens clients m'a encouragé à en changer pour rester actif. Il est passé à l'acte et m'a offert lui-même l'ordinateur. Ceci et beaucoup d'autres attentions nous donnent la confirmation que nous n'avons pas tort de croire à la providence.

Les connaissances que j'ai accumulées par le passé diminuent progressivement à cause de la maladie. Mais l'expérience que la vie m'a apportée peut certainement être utile à d'autres. C'est ce qui donne un vrai sens à ma maladie et j'ai souvent le sentiment que je peux faire maintenant des choses auxquelles personne d'autre n'a de temps à consacrer. Finalement, le temps passe trop vite, mais c'est vrai que je vais plus lentement. Je voudrais encore être capable de tout faire, mais mes forces s'épuisent vite. Pourtant, j'ai le sentiment que, lorsque je renonce à faire, cela apporte quelque chose et que, même si c'est d'une autre façon, je peux encore contribuer à l'économie de communion. Tout sentiment d'impuissance disparaît alors car je sens que je peux vraiment m'épanouir dans cette situation, je peux conserver la joie et surtout penser aux autres. Dans les moments plus difficiles, une phrase résonne en moi : « N'aie pas peur, c'est Moi... »

Piet Heyse,
Belgique, 1999

Chapitre VI

PHILIPPINES : ENTREPRISES «LEADERS»

BANQUE ET PROVIDENCE

Parmi les entreprises qui adhèrent à l'économie de communion sur différents continents, il a semblé intéressant de présenter deux témoignages des Philippines. Dans le cadre bien particulier de ce pays asiatique, dont la culture est fortement imprégnée de la foi chrétienne, ces chefs d'entreprise, profondément engagés dans l'économie de communion, vivent explicitement avec leurs salariés et leurs clients l'idéal évangélique qui sous-tend leurs orientations et leurs pratiques.

Francis et sa femme Teresa Ganzon sont les actionnaires majoritaires d'une banque rurale de la province de Batangas, à environ cent vingt kilomètres au sud de Manille. Leur banque recueille l'épargne des agriculteurs, artisans et commerçants, et leur fournit des crédits pour développer leurs activités. En octobre 2000, ils racontent comment ils ont repris cette banque, l'ont réorientée et développée.

Quand nous rachetons cette petite banque au père de Teresa en 1989, nous y avions déjà travaillé pendant dix ans, et l'avions redressée alors qu'elle était menacée de faillite, à cause des lois martiales des années soixante-dix, des crises des années quatre-vingt, et de la défaillance de sa gestion. Comme il y a dans notre pays beaucoup de pauvres et de grands déséquilibres sociaux, nous nous sentions poussés à changer de cap, pour fournir des crédits vraiment adaptés aux besoins des populations rurales et soutenir au mieux le développement de ces régions.

En établissant avec nos employés, une vingtaine à l'époque, des relations de travail fondées sur le dialogue, nous avons pris conscience qu'il y a dans notre entreprise une force, « un savoir-faire spécifique » : l'unité qui nous lie comme une famille. Mais écouter les suggestions ne nous empêche pas de diriger avec fermeté et professionnalisme.

Lorsqu'en 1991 l'économie de communion est lancée, nous comprenons que cette vision chrétienne de l'économie est précisément ce que nous voulons réaliser. Nous décidons de développer notre activité, en créant des agences dans d'autres villes de la région. Nos actionnaires nous donnent leur accord pour apporter des capitaux supplémentaires. Cette expansion comporte des risques, d'autant que nous-mêmes et notre personnel manquons des compétences nécessaires. Ce développement se réalise grâce à l'aide d'Ancilla, un cabinet de consultants spécialisé en management et en organisation, adhérant aussi à l'esprit de l'économie de communion. Ancilla nous aide à élaborer nos stratégies, à former notre personnel et à mettre en place l'organisation adaptée pour maîtriser les défis entraînés par ces changements. La synergie entre Ancilla et nous est d'autant plus forte que nous avons une vision commune.

Dans la période qui suit, de 1991 à 1997, nous ouvrons trois agences, puis cinq autres, et notre activité s'accroît de 1300 %, soit treize fois le montant de nos ressources. Fin 1997, le montant des dépôts, pour les neuf agences, atteint sept cent vingt millions de pesos (vingt-cinq millions de dollars), ce qui nous place au troisième rang des banques rurales du pays, et permet de multiplier les prêts aux agriculteurs et aux petites entreprises rurales.

Le nombre d'employés progresse dans cette même période jusqu'à cent cinquante personnes qui bénéficient d'un salaire, d'une protection sociale et d'avantages nettement supérieurs à la moyenne dans ce secteur : prêts à faible taux d'intérêt, assurance-vie, assurance-maladie et plans de retraite. Aux Philippines, dans une petite entreprise de province, ces avantages pour le personnel sont très rares. Pour amorcer une participation au capital de l'entreprise, nous proposons à tous nos employés un plan d'épargne en actions de l'entreprise.

Cette croissance nous permet de créer une fondation, financée par les profits de la banque, qui fournit à des femmes trop pauvres pour le système bancaire classique, des microcrédits pour leurs projets, sur le modèle de la Grameen Bank. Plus de cent cinquante femmes en ont déjà bénéficié. Cette fondation finance aussi des bourses pour des élèves et étudiants à faibles ressources, et des séminaires de formation à la culture du don pour les employés, les actionnaires et leurs proches.

Cet esprit de solidarité se répand dans le personnel et fait maintenant partie de la culture de notre entreprise. Un des employés ne pouvant payer les études de deux de ses enfants, ses collègues ont proposé une souscription et depuis versent régulièrement leur contribution. Ils soutiennent ceux dont un proche décède, et envoient de l'argent pour les victimes des catastrophes. Ils ont même envoyé une somme pour les populations du Kosovo, pourtant bien loin de chez eux. Un jour, un incendie a détruit la maison d'un de nos clients et sa fille est morte. Ce client avait tout perdu. Le responsable de l'agence en a parlé à ses collègues. Le personnel de cette agence et des autres agences s'est mobilisé pour donner vêtements, nourriture et argent pour ce client. Celui-ci ne s'attendait pas à une telle solidarité venant de sa banque !

Cependant lorsque, mi-1997, les premiers assauts de la crise asiatique se font sentir, les Philippines ne sont pas épargnées. Le secteur financier est très touché par une dévaluation de 60 % de la monnaie nationale.

Les banques manquent alors de liquidités parce que les entreprises clientes ne peuvent plus rembourser leurs emprunts, ou font faillite. Certaines banques ont de sérieuses difficultés pour faire face aux retraits de leurs clients épargnants. Plusieurs banques, petites ou moyennes, créent un vent de panique auprès des déposants, en fermant leurs établissements sans préavis. Un jour, une banque concurrente, voisine de l'une de nos agences, ferme soudainement ses portes. La nouvelle de cette fermeture inattendue se répand rapidement dans la petite ville et, avant même la fin de la journée, nos clients avaient déjà retiré de notre agence près de cinq millions de pesos (180 000 dollars). L'une des valeurs que nous avons appris à partager, dans notre entreprise, c'est la confiance. Réalisant que ce mouvement de panique pouvait nous conduire à la faillite, nous exposons la situation aux principaux dirigeants de l'entreprise et nous nous en remettons à la providence afin qu'elle nous guide. Puis nous reprenons tous immédiatement notre travail, nous préparant à toute éventualité. Dans l'après-midi même, le responsable d'une autre agence nous signale qu'un dépôt de six millions de pesos (216 000 dollars) vient d'être effectué. Ce signe suffit pour nous soutenir au cours des jours suivants, durant lesquels nous devons faire face à une vague de panique poussant les clients à retirer, en l'espace de cinq jours et dans une seule agence, un total de quarante millions de pesos (plus d'un million de dollars).

Au cours des mois qui suivent, la multiplication des faillites autour de nous accentue encore la panique. Malgré toute la pédagogie déployée pour expliquer aux clients la stabilité des investissements sans risque effectués par la banque, rien ne réussit à dissuader les déposants de retirer leurs économies. Malgré tous nos efforts, nous commençons à sentir les effets de cette situation particulièrement tendue.

Nous nous souvenons alors que nous faisons partie d'une famille plus large encore, celle des entrepreneurs qui vivent l'économie de communion. Nous communiquons ce que nous sommes en train de vivre, demandons conseil, appui moral et prières. Compte tenu de l'instabilité de notre monnaie et de la situation en Asie, nous savons qu'une aide financière est très peu probable. En retour, nous sentons toute leur compréhension. Et nous pouvons, par leur intermédiaire, entamer des discussions avec une banque néerlandaise spécialisée dans les fonds d'investissements éthiques et écologiques, non seulement pour l'activité bancaire, mais aussi pour des transferts de technologies alternatives et pour développer l'activité des microcrédits de notre fondation.

Dans notre banque, c'est la confiance qui prévaut entre nous tous, confiance sans faille en ce que chacun peut faire, et nous avons pu constater la force qui en résulte. Le Président de notre conseil d'administration, représentant les actionnaires minoritaires, débloque alors une ligne de crédit de cent millions de pesos (2,6 millions de dollars). Nos employés, au guichet, s'engagent personnellement auprès de leurs clients, sur la sécurité de leurs dépôts. Un important client, propriétaire d'un magasin, se porte même garant à titre personnel pour les grosses sommes déposées par les autres commerçants de la ville.

Comme jamais, cette crise nous a montré de manière concrète ce en quoi nous avions toujours cru : ce sont les personnes et les relations qu'elles entretiennent entre elles, plus que n'importe quel argent ou profit, qui déterminent la vie, la croissance, la survie et le succès d'une entreprise. Tout cela, plus la providence.

Teresa et Francis GANZON,
Banko Kabayan,
Philippines, 2000

Banko Kabayan a beaucoup développé son activité de micro-crédit : 50 jeunes employés de la fondation créée par la Banque vont dans les villages et les quartiers pauvres. Les femmes qui ont un projet d'activité, source de revenu, sont réunies en groupes. Le groupe est solidaire de celle qui emprunte, selon une charte précise. La dignité de ces femmes, le sérieux de leur engagement et le soutien du groupe leur permettent dans la plupart des cas de mener à bien leur projet et de rembourser le prêt. Elles en tirent fierté et joie.

L'expérience montre que sur la base d'une relation contractuelle, la confiance mutuelle peut s'instaurer et conduire à l'autonomie des personnes aidées, loin de toute forme d'assistanat.

En août 2006, les 170 employés de Banko Kabayan ont tous été invités au séminaire « Koinonia » de deux jours pour approfondir la culture de communion. Après un moment de partage, un approfondissement spirituel a été proposé. Des exercices pratiques entre collègues ont renforcé l'unité dans l'équipe.

À partir d'un documentaire sur le travail des enfants, fléau de leur pays, les employés, dont beaucoup sont des parents, se sont sentis engagés à agir autour d'eux.

Grâce à l'histoire de la Banque mettant en lumière les valeurs qui lui ont permis de surmonter les crises et de se développer, les employés ont pu découvrir la culture et la pensée qui l'ont guidée. Beaucoup d'employés ont spontanément exprimé leur engagement à vouloir être des promoteurs de la communion.

MANAGEMENT ET COMMUNION

L'histoire d'Ancilla, entreprise de conseil en management, a été présentée par Tita D. Puangco devant la prestigieuse université catholique de Santo Tomas aux Philippines, en juillet 2000.

Ma formation et mon expérience professionnelle

En premier lieu je voudrais vous remercier de cette occasion de partager ma modeste expérience dans Ancilla Development Consulting, une entreprise de l'économie de communion. Le nom d'Ancilla honore Marie – *ancilla domini*, la servante du Seigneur. Nous voulons que notre société soit un réel service, une véritable assistance pour les entreprises.

C'est avec beaucoup de nostalgie mais aussi de satisfaction que je reviens aujourd'hui à l'Université Santo Tomas. Non plus comme en 1969 quand, en qualité de Présidente du comité central des étudiants, et consciente que la société avait besoin de changer dans un sens plus chrétien, j'ai pris la tête d'un mouvement de contestation; mais comme une femme qui, après avoir bénéficié d'une bourse d'études dans une université américaine, a rencontré en 1972 le mouvement des Focolari.

J'ai alors compris que, pour que la société change, je dois commencer par me convertir. Si je fais le choix de Dieu, il pourra, lui, créer la physionomie de la société qu'il désire.

Aujourd'hui je témoigne de l'action de Dieu dans ma vie personnelle et dans ma vie professionnelle, grâce à Chiara Lubich qui nous a donné l'idée, à mon mari et à moi-même, de fonder une entreprise en vue du partage.

Après l'université, j'ai travaillé comme journaliste et productrice de télévision, puis pour de grandes sociétés. J'ai d'abord été Directrice des Ressources Humaines de San Miguel Corporation, le plus grand groupe du pays dans le secteur alimentaire, puis Vice-Présidente de la Banque des Îles Philippines, la première banque nationale. Celle-ci m'a procuré une bourse à l'Asian Institute of Management, pour compléter ma formation en management par un MBA. Cet institut m'a alors proposé un poste d'enseignant, ce que j'ai accepté, car une voix intérieure me pressait de quitter mon poste confortable à la banque et d'entreprendre autre chose.

J'ai commencé à réfléchir sur le sens de ma vie. J'ai compris que, quelle que soit mon orientation future, je l'entreprendrais avec passion si elle correspondait à mon idéal le plus élevé. Ce n'était ni l'argent, ni le prestige du poste, ni l'exercice de l'autorité qui m'intéressait. J'ai réfléchi à ce qui comptait pour moi. Après tout, je n'avais qu'une seule vie et je voulais, par mon travail, vivre le reste de mon existence au service de Dieu.

J'ai donc défini ainsi le sens de ma mission: «Aider le plus grand nombre de personnes à grandir dans leur véritable vocation d'enfants de Dieu». Ceci devait s'appliquer à ma famille, à mes associés, à mes amis, à mes clients, à tous ceux que je rencontrerais.

L'appel de l'économie de communion

Quand j'entends parler de Chiara Lubich qui lance l'économie de communion au Brésil, je comprends tout de suite que je suis appelée à créer une entreprise de conseil en management mettant en œuvre toutes mes capacités. Le lendemain, je demande à mon mari Renato de venir se promener avec moi pour en parler. Nous menions une vie très agréable, mais à ce moment-là, nous comprenons que nous avons la possibilité de « commencer à construire notre demeure au ciel ». Il nous paraît clair que je dois abandonner ma situation et ouvrir un cabinet de consultants. Nous prenons, avec mon mari, la décision de construire un bureau au-dessus de notre garage. Il lui faut, quant à lui, poursuivre son activité professionnelle, car la famille a besoin d'un revenu stable. Je viens juste d'avoir notre quatrième enfant, les trois autres vont à l'école.

En 1991, nous démarrons avec trois clients, qui le sont encore aujourd'hui. J'ai un contrat avec Coca-Cola Asie pendant un an. Ils préféreraient un consultant masculin mais, renseignements pris auprès de trois sources, c'est toujours mon nom qui leur est donné. Et puis, lorsqu'un de mes anciens clients, qui a racheté une société, apprend que je suis à mon compte, il m'accorde mon premier contrat d'un million de pesos (350000 dollars).

La méthode Ancilla

Au départ, nous n'étions que deux dans la société. L'année suivante, notre activité a rendu nécessaire la création d'un bureau à Makati (le quartier des affaires de Manille, *N.d.T.*). Nous décidons ensemble que mon mari doit quitter son travail et me rejoindre. Nous sentons que nous ne pourrons accomplir parfaitement notre travail que s'il est fondé sur une culture du don. Le plus important est de préserver entre nous tous un climat de confiance réciproque pour obtenir lumière et discernement. Comme nous commençons chaque journée par une prière, nous pouvons ainsi confier à Dieu tous nos projets, propositions et réunions [6].

Comme consultants en management, nous travaillons toujours deux par deux pour pouvoir nous entraider. Pour nous, chaque projet doit refléter cette phrase de l'Évangile : « Soyez parfaits comme votre Père céleste est parfait. » Nous nous efforçons donc de « nous faire un [7] » avec chaque client ou chaque personne rencontrée. Même une seule rencontre crée une vraie relation d'amitié. Nous l'avons ressenti particulièrement lors de la mort de trois de nos consultants en juillet dernier. Ils étaient partis voir un client et l'avion qui les transportait s'est écrasé. Nous étions atterrés car ils étaient plus que des frères et sœurs pour nous. Mais ce qui nous a réconfortés, c'est la centaine de clients venus prier aux obsèques, qui avaient cette relation profonde avec chacun d'eux.

Un de nos jeunes consultants a exprimé un jour que dans notre entreprise il voit vivre le christianisme avec professionna-

---

(6) Andrew G. Recepcion, dans sa thèse *Towards a renewed economy,* Tagaytay City 1998, disponible sur Internet (*http://tesi.ecodicom.net*), étudie l'expérience d'Ancilla. Il note que, même si tous les consultants d'Ancilla ne professent pas la foi catholique, les différences de convictions religieuses ne les empêchent pas de s'appuyer sur une expérience de Dieu, personnelle et partagée, y compris dans le cadre du travail *(N.d.T.)*.

(7) « Se faire un » fait référence à une proposition de la spiritualité du mouvement des Focolari : faire siennes les joies et les peines de celui qu'on côtoie.

lisme et charité. Un consultant qui nous a quittés pour prendre un poste dans une autre société m'a dit: «Je vous remercie de la solide formation reçue chez Ancilla, mais aussi de l'amour et de l'unité que j'ai découverts ici[8].»

Récemment, j'ai rencontré un client d'un des consultants morts dans l'accident d'avion. Nous n'avions pas repris contact avec lui depuis plus d'un an. Il m'a dit: «Le personnel chez nous réclame les programmes de formation d'Ancilla. Appelez-nous!»

Notre position de consultants en management nous oblige à nous tenir au courant des meilleures techniques actuelles. Nous avons pris des accords avec cinq sociétés de conseil étrangères. Chacune pourrait raconter la manière dont nous sommes entrés en relation. Par exemple, une société étrangère cherchant un correspondant local a pris contact avec nous et avec deux autres sociétés. Au bout d'un mois, une lettre nous annonce que nous ne sommes pas retenus. Nous pensons qu'ils ont dû avoir du mal à nous écrire cette lettre. Nous leur répondons alors ceci: «Nous avons reçu votre lettre nous informant que vous aviez choisi un autre partenaire. Mais nous vous remercions de toute manière d'avoir envisagé de travailler avec nous. Qui sait si nous n'aurons pas un jour l'occasion de le faire.» Imaginez notre surprise lorsqu'ils nous ont informés qu'ils avaient changé d'avis. Nous sommes devenus leur partenaire privilégié dans notre pays.

---

(8) Andrew G. Recepcion a observé une consultante qui était très perturbée parce qu'elle avait fait une erreur importante dans les prévisions de vente. Elle a reconnu son erreur et a cherché à l'assumer; les autres ne l'ont pas critiquée mais l'ont aidée à régler le problème. À la fin, elle a compris que le plus important était de faire de cette erreur acceptée un tremplin pour rebondir (*op. cit.*).

Une autre société, dont le siège est en Californie et qui nous avait concédé une licence pour exploiter une de leurs techniques, nous a écrit : « Nous vous dispensons désormais de toute obligation financière envers nous. Nous savons que vous créez un centre de formation. Conservez au titre de notre participation toutes les royalties (redevances) qui nous étaient destinées. » Nous avons partagé avec eux notre expérience d'économie de communion[9].

Pour les associés et les consultants qui portent en fait la société, le travail est épuisant intellectuellement et physiquement. En partageant et en s'aidant mutuellement, nous essayons d'alléger la charge de chacun. Nous nous soucions aussi de la santé de nos collaborateurs. Une fois par mois les associés sortent ensemble pour se détendre.

Nous formons aussi nos jeunes collaborateurs, qui sont la plupart du temps de jeunes diplômés. Au bout de deux ou trois ans, ils obtiennent souvent un très bon poste chez un de leurs clients. Nous incitons les consultants à ne pas travailler deux

---

(9) Tita D. Puangco a parlé de l'économie de communion à des personnes avec qui elle est en contact professionnellement. Un président d'une grande société de conseil, intéressé, a décidé de venir passer trois jours dans les locaux d'Ancilla pour se faire son idée. Quand Tita Puangco est revenue de déplacement, il lui a déclaré : « Je n'ai jamais vu ça. Vos gens ont des idées claires, et je pense que tous les consultants de mon groupe dans le monde devraient venir ici pour apprendre ça. » Il a ajouté : « Je veux organiser cette année un séminaire mondial de stratégie ici, pour lancer notre filiale Asie-Pacifique. » Ancilla a donc accueilli et animé ce séminaire pour vingt-cinq consultants venus d'Australie, de Grande-Bretagne et d'Afrique du Sud, avec leurs principaux clients. À la fin, un des participants a dit à Tita Puangco : « Il y a tant d'amour dans la façon dont vous faites les choses qu'il y a sûrement quelque chose de plus profond derrière. » Un autre participant, président d'une société de conseil d'Afrique du Sud, a demandé qu'Ancilla vienne une semaine à Johannesburg pour apporter cette manière de travailler à son équipe *(op. cit.)*.

week-ends consécutifs afin de préserver leur vie de famille. Nous les encourageons à participer chaque année à un week-end de trois jours de détente en commun.

Nous avons organisé notre système d'information pour gérer notre savoir-faire. Le classement informatique de tous les documents nous permet plus de rapidité et d'efficacité dans le travail. Nous avons aussi conçu une manière de communiquer entre nous, par Internet, les résultats de la journée. Ainsi chacun peut rester au courant des affaires, malgré les déplacements fréquents chez des clients.

Une fois par semaine, tous les associés et consultants se rencontrent pour planifier le travail, prendre en compte les réactions des clients par rapport au travail accompli, et partager les expériences des uns et des autres.

Dans l'une de ces réunions, un consultant a eu l'idée de suggérer qu'on publie un bulletin destiné à la formation des ouvriers et des employés. 80 % de nos clients sont des sociétés multinationales, 20 % sont des entreprises du pays à qui on accorde un tarif réduit, des associations humanitaires et des fondations qui ne payent que très peu. Nous souhaitions proposer notre formation à un public plus large. Ne sachant pas par où commencer, nous avons prié. Il y a deux mois, j'ai reçu un e-mail de la sœur d'un ami qui allait éditer dans le plus grand journal du pays un supplément sur la vie professionnelle. Elle me demandait d'y participer… Ainsi chaque mercredi notre rubrique donne des conseils aux personnes dans le cadre de leur travail.

La situation de l'entreprise

L'Évangile dit la vérité : « Donnez et vous recevrez. » Nous avons donné, puis reçu. Nous avons commencé à deux en 1991, nous sommes quarante aujourd'hui en 2000. Ayant débuté avec trois clients, nous en avons près de deux cents aujourd'hui. Nous avons commencé par un bureau au-dessus d'un garage. Aujourd'hui nous avons un bureau et un centre de formation au cœur du quartier des affaires de Manille, un centre de formation à Tarlac, et en 2001 nous espérons construire dans la cité-pilote de Tagaytay le « Centre Asiatique de Management Ancilla », avec la participation financière de quelques clients. Au début de notre activité nous ne proposions qu'une formation au management. Nous disposons maintenant d'une palette de produits beaucoup plus large : politique de formation, conduite du changement, management stratégique, gestion des ressources humaines, recherche en organisation et management[10].

Nous disons souvent que les autres sociétés de conseil sont probablement aussi compétentes que nous, mais que notre « associé caché » nous a été fidèle. Nous éprouvons une grande

(10) La compétence centrale d'Ancilla est la formation personnalisée des managers : « Nous prenons le temps de découvrir les besoins du client, les connaissances, attitudes et savoir-faire nécessaires à un groupe donné. Nous lançons des challenges pour former, des éléments théoriques pour stimuler la réflexion, des visions et valeurs pour toucher le cœur, des engagements pour consolider la volonté. Nous croyons que la créativité n'a aucune limite. Dans une démarche de qualité totale, nous mesurons les résultats obtenus par nos actions. Nous encourageons les clients à établir une dynamique permanente de formation. Nous attachons beaucoup d'importance aux facteurs qui garantissent que ce qui est appris est bien mis en application » *(op. cit.)*.

joie en adressant un chèque chaque trimestre pour l'économie de communion [11].

En mai dernier, j'ai été invitée à prendre la parole à Rome, au Congrès mondial caritatif organisé par le Conseil Pontifical Cor Unum. Les archevêques d'Haïti, de Birmanie et de Taïwan ont pris contact avec moi afin de créer quelque chose de semblable dans leurs pays. Je les ai assurés qu'Ancilla y contribuerait en mettant son savoir-faire au service de sociétés similaires, ceci pour des royalties minimes destinées à l'économie de communion. Mais ils doivent trouver dans leurs pays les personnes qualifiées prêtes à relever le défi.

Récemment, une grande société internationale de conseil a pris contact avec nous en nous proposant une fusion ou un rachat. Pour nous une telle éventualité ne pourrait se faire qu'en respectant les principes de l'économie de communion. Mais ce qui nous a le plus impressionnés, c'est ce qu'ils nous ont dit : « Parmi toutes les sociétés de conseil du pays, vous êtes celle qui a la meilleure réputation, avec une très bonne clientèle. » Nous en connaissons la raison : cette culture du don qui est au centre de notre vision de l'entreprise, du pays et de la société.

(11) Le partage des fruits du travail avec les personnes défavorisées est constitutif de la mission même d'Ancilla, dont la plaquette commerciale explique : « Nous croyons que notre mission d'aider les organisations et les personnes à se développer est une vocation noble. Elle nous permet de contribuer au développement de notre pays, et de partager les fruits de notre travail avec les plus défavorisés » *(op. cit.)*.

Les défis posés aujourd'hui à l'entreprise

Comme toutes les entreprises, nous sommes confrontés au marché. Nous nous trouvons face à de nombreux défis.

Le premier est de former, faire progresser et conserver les consultants. Notre culture fondée sur l'Évangile, et la culture du don qui en découle, font que, parfois, des consultants et des clients nous exploitent. En voici quelques exemples.

Un jour une consultante est venue nous demander du travail parce qu'elle en avait absolument besoin. Voyant son potentiel, nous l'avons initiée et formée. Puis l'année dernière, elle nous a dit qu'elle voulait garder pour elle la totalité du chiffre d'affaires qu'elle traitait, et elle a démissionné pour se mettre à son compte. Cet incident nous a fait comprendre qu'il nous faut faire une formation plus approfondie à la culture du don.

Un autre consultant avait une mission d'un an auprès d'une multinationale comme directeur du projet. Par hasard nous avons découvert qu'il avait créé sa propre société et proposé au client de traiter ce projet à un prix inférieur au nôtre de moitié. On peut rencontrer ce genre de pratiques, contraires à l'éthique.

Le second défi, c'est d'affronter les comportements déloyaux de certains concurrents. Il nous arrive souvent, dans notre profession, de nous trouver en concurrence avec une grande société internationale de conseil. Notre règle est de ne jamais rien dire de négatif sur les concurrents.

Un jour, alors que nous avions un contrat en cours chez un client, ce dernier a fait installer des systèmes informatiques par un autre prestataire. Puis le client a brusquement interrompu le contrat qui nous liait. Nous étions, nous, tout disposés à partager notre savoir-faire avec le prestataire informatique, mais nous avons su qu'il agissait derrière notre dos en dénigrant ce que nous faisions.

Nous avons accepté ces difficultés et choisi de continuer. Nous avons aussi appris à être « doux comme des agneaux et rusés comme des serpents ». Nous avons affiné notre savoir-faire professionnel en visant, non seulement à réaliser parfaitement le projet, mais aussi à comprendre les structures de décision pour agir auprès des décideurs en leur faisant partager notre manière de voir.

Troisième point : nous devons offrir la panoplie complète des prestations de conseil, comme les grandes sociétés internationales de conseil. Pour cela, nous nous procurons des méthodes et outils auprès de partenaires étrangers que nous payons en devises. Nous prévoyons qu'à l'avenir, avec l'évolution probable des taux de change, cela deviendra trop coûteux pour nous, alors que nous devons toujours fournir le meilleur service à nos clients à des prix compétitifs. Inversement, nous avons cédé à des sociétés locales et étrangères le droit d'assurer quelques-uns de nos programmes de formation, obtenant ainsi des ressources en devises.

Un quatrième point : nous devons nous préparer à l'ère Internet, ce qui entraînera des investissements importants. Nous avons conclu un accord stratégique, par exemple, pour les applications de nos programmes à la gestion des ressources humaines. Nous voyons dans la formation à distance à la fois une menace et une opportunité. La mondialisation se développe à pas de géant et nous devons anticiper ses impacts positifs et négatifs sur nos activités.

Quelle est notre attitude en face de ces défis ? Nous sommes sûrs que l'unité et la solidarité nous donneront la lumière pour poursuivre les innovations nécessaires afin de rester un des leaders de notre secteur. Voici pour nous l'essentiel. Travailler à Ancilla n'est pas vraiment un travail comme un autre. Les joies et les peines dans une entreprise d'économie de communion doivent faire de nous, non seulement les meilleurs professionnels de notre spécialité, mais aussi des saints, tous ensemble. Ce qui, en définitive, est notre but.

Tita D. PUANGCO,
Ancilla Development Consulting,
Philippines, 2000

Ancilla a continué à croître. En 2004, l'effectif s'élève à 48 personnes au service de 270 clients.

Les nouvelles initiatives sont multiples, parmi lesquelles la collaboration avec une école d'informatique disposant de 120 établissements dans le pays, la naissance d'une filiale au Vietnam, l'extension des activités dans d'autres pays du Sud-Est asiatique…

Chapitre VII

AUTRES CONTRIBUTIONS

POINTS DE REPÈRE

Des chefs d'entreprise engagés dans l'économie de communion se retrouvaient en mars 1997 pour une première rencontre internationale. Ils ont voulu dégager de leurs expériences des points communs, qui puissent servir de repères pour concrétiser l'économie de communion dans une entreprise. Ils sont conscients que chaque entreprise se trouve dans un contexte particulier, qui diffère fortement entre pays émergents et pays industrialisés.

Même si dans les pays européens certaines de ces recommandations sont devenues obligatoires, ce texte peut cependant en souligner le sens.

Les entreprises de l'économie de communion exercent leur activité sur le marché et cherchent à réaliser des profits, comme toutes les autres entreprises.

Le but premier des entreprises de l'économie de communion consiste à réaliser des profits au bénéfice des personnes démunies et pour diffuser la culture du don.

Management et emploi

Les chefs d'entreprise qui adhèrent à l'économie de communion établissent leurs stratégies, leurs objectifs et leurs plans d'entreprise en appliquant les critères d'une gestion saine et en y impliquant le personnel de l'entreprise. Tout en prenant les décisions d'investissement avec discernement, ils ont le souci de créer de nouvelles activités et de nouveaux postes de travail.

Pour eux, la personne humaine est primordiale dans l'entreprise, et non pas le capital. Les responsables dans l'entreprise essaient d'utiliser au mieux les capacités de chaque employé en favorisant la créativité, la prise de responsabilité et la participation dans la définition et la réalisation des objectifs de l'entreprise, et en prenant des dispositions particulières pour aider ceux qui traversent des périodes difficiles.

L'entreprise est gérée de manière à augmenter les bénéfices, destinés, en trois parts :

– aux personnes dans le besoin, en commençant par ceux qui participent à la culture du don promue par le projet ;

– à la diffusion de cette culture du don ;

– et à la consolidation et la croissance de l'entreprise.

Relations avec les clients, les fournisseurs, les pouvoirs publics et l'environnement social

L'entreprise met en œuvre tous les moyens possibles pour fournir des biens et des services de qualité, utiles au consommateur, et à un juste prix.

Le personnel de l'entreprise travaille de manière professionnelle pour établir et développer des relations de confiance avec les clients, les fournisseurs et tout autre partenaire. Il est conscient de son utilité sociale. Il se comporte de manière loyale envers les concurrents. Pour présenter les produits ou les services de l'entreprise, il en souligne les qualités réelles, et s'abstient de jeter le discrédit sur les produits ou les services concurrents.

En conséquence, l'entreprise est enrichie d'un capital immatériel constitué des relations d'estime et de confiance établies avec les responsables des entreprises fournisseurs ou clientes, ou avec les différentes administrations, ce qui engendre un développement économique durable.

Éthique

Le travail dans l'entreprise entraîne pour tous les salariés un enrichissement personnel et intérieur.

L'entreprise respecte les lois et sur le plan éthique se comporte de manière loyale vis-à-vis de l'administration fiscale, des organismes de contrôle, des syndicats et des organismes institutionnels.

Il en est de même vis-à-vis de ses propres salariés, desquels un comportement identique est attendu.

Pour la qualité de ses propres produits et services, l'entreprise ne s'en tient pas seulement au respect de ses propres obligations contractuelles, mais elle évalue les conséquences réelles de ses produits sur la santé et la sécurité des destinataires.

Qualité de vie et qualité de la production

L'un des principaux objectifs des chefs d'entreprise de l'économie de communion est de transformer l'entreprise en une véritable communauté de personnes. Ils font le point régulièrement avec les responsables pour vérifier la qualité des relations interpersonnelles et mettent tout en œuvre avec eux pour résoudre les situations difficiles, conscients que l'effort pour résoudre ces difficultés peut générer des effets positifs sur les membres du personnel, en stimulant les innovations, et en favorisant un développement personnel et professionnel.

La santé et le bien-être de chaque membre du personnel font l'objet d'une attention particulière, spécialement pour celui qui en a le plus besoin. Les conditions de travail sont adaptées au type d'activité : respect des normes d'hygiène et de sécurité, etc. Il convient de veiller à ce que les horaires de travail ne soient pas trop lourds, ni la charge de travail excessive pour une personne, et aussi à prévoir des vacances normales pour chacun.

L'ambiance de travail est détendue et amicale parce que règnent le respect, la confiance et l'estime réciproque.

L'entreprise produit des biens et des services sûrs, en prêtant, sur toute la durée de vie du produit, une attention particulière aux économies d'énergie et de ressources naturelles et aux conséquences sur l'environnement.

Harmonie de l'ambiance de travail

L'entreprise adopte des systèmes de gestion et des structures d'organisation qui encouragent le travail de groupe et l'épanouissement personnel.

Le personnel fait en sorte que les locaux de l'entreprise soient le plus propre, le plus ordonné, et le plus agréable possible, de sorte que dans une bonne ambiance, les dirigeants, les salariés, les fournisseurs et les clients se sentent à l'aise et aient envie de diffuser ce style de vie.

Formation

L'entreprise développe entre les membres de son personnel une ambiance de soutien réciproque, de respect et de confiance. Ainsi, il devient normal de proposer ses capacités, ses idées et ses compétences au bénéfice de l'épanouissement professionnel des collègues et pour le progrès de l'entreprise.

Le chef d'entreprise adoptera, pour l'embauche du personnel et pour la gestion des plans de carrière des salariés, des critères qui favorisent un tel climat.

Pour que chacun puisse atteindre les objectifs, tant dans l'intérêt de l'entreprise que pour la réalisation personnelle du salarié, l'entreprise proposera la possibilité d'une formation continue.

Communication

L'entreprise qui adhère à l'économie de communion crée un climat d'ouverture et de communication entre dirigeants et salariés, qui favorise l'échange d'idées.

Elle est aussi ouverte à ceux qui, parce qu'ils en apprécient la valeur sociale, veulent contribuer à son développement, et aussi à ceux qui sont intéressés par la culture du don, et qui ont le désir d'étudier les différents aspects de son expérience concrète.

Pour développer entre elles des relations tant sur le plan économique que pour la production, les entreprises qui adhèrent à l'économie de communion utilisent les moyens les plus modernes de communication pour se relier entre elles, tant au niveau local qu'au niveau international. Dans ce sens, chacun se réjouit des succès des autres, cherche à faire fructifier les difficultés, les épreuves ou les échecs, dans un esprit de soutien réciproque et de solidarité.

Mars 1997

SOUTIEN À LA CRÉATION D'ENTREPRISES

Des dirigeants, des experts et des chefs d'entreprise en Allemagne se sont réunis pour former la société Solidar Capital, qu'on peut qualifier d'incubateur de jeunes entreprises pour l'économie de communion.

L'économie de communion a vivement intéressé vingt d'entre nous, chefs d'entreprise et dirigeants en majorité de PME, dans le nord-ouest de l'Allemagne. Nous avons décidé de commencer par introduire cette proposition dans chacune de nos entreprises.

Certains ont pris des initiatives dans cet esprit, comme Walter Schmidt, dirigeant d'une entreprise qui réalise des systèmes de sécurité pour les transports. Il a apporté ses technologies à une entreprise tchèque, à laquelle il a fourni une aide indispensable à sa réussite.

Nous avons aussi voulu explorer ensemble toutes les voies pour participer à l'économie de communion, et nous avons tenu à unir nos capacités et nos ressources financières pour y parvenir.

Nous avons eu l'idée de soutenir des créateurs d'entreprise ayant comme objectif l'économie de communion, dans des pays en voie de développement et en Europe de l'Est. Nous leur procurons des capitaux, des prêts à taux préférentiels et une aide concrète par des conseils, surtout pour la phase de démarrage.

Nous sommes conscients que c'est un projet difficile, qui requiert toutes nos forces et qui exige aussi entre nous une confiance réciproque absolue. Nous savons que « l'économie de communion est une œuvre de Dieu, déjà pensée par lui et dont il suit chaque détail », comme nous l'avait dit Chiara Lubich à qui nous avions expliqué notre projet.

En 1997, nous avons fondé dans ce but Solidar Capital GmbH, société de conseil et de participations financières.

Solidar capital dispose en l'an 2000 de capitaux propres d'un montant de 250 000 euros, en grande partie déjà employés. Comme toutes les entreprises de l'économie de communion, elle ne vise pas un objectif social, mais économique : la recherche de bénéfices.

Notre prise de participation dans le capital des entreprises peut se limiter à une période déterminée. Elle se situe entre 25 % et 49 % du capital social.

Nous attachons une importance particulière aux compétences et à l'expérience de nos associés à l'intérieur de Solidar Capital. Dans un contexte de concurrence mondiale, il ne suffit pas de proposer un apport en capital. La transmission d'un savoir-faire représente aussi une aide indispensable, comme les expériences le montrent.

Dans la mesure où la langue ne constitue pas un obstacle, la formation des créateurs d'entreprise étrangers est possible dans les entreprises de nos associés.

Nous avons fixé des critères de choix précis pour déterminer quels projets nous pouvons soutenir. Avant toute décision de participation, nous considérons la situation économique et les chances de succès de l'entreprise. C'est pourquoi nous demandons la constitution d'un dossier détaillé, sorte de Business Plan, pour bien préciser le projet, en particulier sur les points suivants :

– nature et dimensionnement du projet

– formation et expérience des entrepreneurs

– menaces et opportunités du marché

– apports de capitaux par les associés, et autres possibilités de financement

– besoins en formation ainsi qu'en conseil au niveau de la direction.

Nous ne nous engageons que si le futur entrepreneur a décidé de diriger son entreprise selon l'esprit de l'économie de communion. À cette occasion nous définissons avec lui une « philosophie de l'entreprise » comprenant les éléments suivants :

– vis-à-vis des collaborateurs et de leurs familles : un juste salaire et une participation aux fruits de leur travail, priorité de l'homme sur les prétendues contraintes matérielles, dialogue, participation aux responsabilités et à la marche de l'entreprise.

– vis-à-vis des clients et des fournisseurs : choix de la loyauté, de l'honnêteté et du respect des engagements.

– vis-à-vis de l'État et de la société : pas de fraude fiscale, et une attitude responsable dans l'utilisation des matières premières et de l'énergie, ainsi que le respect de l'environnement.

– l'entrepreneur se propose d'affecter tout ou partie des bénéfices aux buts de l'économie de communion.

Comment notre projet s'est-il concrétisé?

Dès le début, il était clair que nous ne nous engagions pas sur un chemin facile. L'expérience nous l'a confirmé.

Je reste encore impressionné par les rencontres d'entrepreneurs de l'économie de communion à São Paulo, Buenos Aires et Rosario ainsi que par les nombreux entretiens personnels avec les participants à ces rencontres, dont certains nous proposent leurs projets. Il est important pour nous de découvrir sur place la mentalité, la vie des hommes et leur contexte économique.

Et nous devons faire notre autocritique. Bien souvent, nous tenons trop à notre esprit méthodique, à la logique de nos raisonnements… Le souci d'éliminer tout risque domine notre action et le cœur n'y trouve pas son compte. Mais d'un autre côté, nos interlocuteurs ont reconnu nos qualités. Ainsi, nous nous sommes mutuellement enrichis.

La plupart des demandes reçues jusqu'ici en vue de participations financières ou d'un transfert de savoir-faire sont venues de l'étranger. Nous en avons reçu d'Europe (Allemagne, Suisse, Italie, Espagne, France, Pologne, République Tchèque, Slovénie, Croatie, Yougoslavie), mais aussi du Congo et du Proche-Orient (Turquie, Liban, Syrie, Israël, Égypte).

À ce jour, nous avons fondé trois entreprises avec nos partenaires, et une autre est en bonne voie.

Au Liban:

Un commerce d'articles de bureau et de fournitures scolaires a créé un autre établissement dans le même secteur, avec notre assistance. Grâce à notre intervention, la nouvelle entreprise diffuse les produits d'un important fabricant allemand. L'étape suivante verra la création de plusieurs filiales dans l'ensemble du pays.

En Israël:

Deux jeunes y ont fondé avec notre assistance une société de logiciels. Ils ont mis au point un CD-ROM qui présente en cinq langues la vie de Jésus dans les différents endroits où il s'est manifesté. L'ensemble est complété par des textes bibliques et plus de deux cents photos. Nous avons pu l'améliorer, notamment pour l'utilisation du multimédia. Dans ce but nos deux partenaires israéliens sont venus passer plusieurs semaines en

Allemagne. En 2000, ce CD-ROM sert de guide à de nombreux pèlerins de l'année jubilaire et est une réussite.

En Croatie:

Nous avons équipé de matériel moderne un atelier de mécanique automobile déjà dirigé par un professionnel. À quarante kilomètres de cet endroit, un autre garagiste exploite un atelier similaire. Les deux ont suivi une formation l'an dernier dans des entreprises allemandes afin de se familiariser avec les nouvelles techniques. Nous les avons incités tous les deux à s'engager dans une collaboration plus étroite, en vue d'un développement conjoint des deux entreprises.

En Égypte:

Au Caire, une équipe de médecins, infirmiers et pharmaciens a eu l'idée de créer une petite polyclinique. La construction a déjà commencé. Dans ce projet nous avons mis notre savoir-faire à leur disposition et apporté une participation au capital. Nous sommes confiants qu'une telle réalisation aura valeur d'exemple pour ceux qui travaillent dans le domaine de la santé en Égypte.

J'en arrive à notre conclusion:

D'autres dossiers sont en attente, tant pour un apport de capital que pour une assistance technique. Si d'autres entrepreneurs s'enthousiasment pour l'économie de communion et sont prêts à y collaborer, nous pourrons faire encore plus. Nous savons que nous n'en sommes qu'au début. Nous sommes encore petits, mais persévérants et patients. Nous progressons sur une base solide, nous échangeons nos expériences sur un plan mondial, et nous apprenons les uns des autres.

Les entreprises qui ont cette même vision et qui vivent de cet esprit seront « la lumière sur la montagne », celle qu'attend notre société. Nous en sommes convaincus.

Heinz-Willi Schorn,
Solidar Capital,
Allemagne, 2000

HISTOIRE D'UNE THÈSE

Dès le lancement de l'économie de communion, les jeunes du mouvement des Focolari ont demandé à Chiara Lubich comment ils pouvaient y participer. Celle-ci les a encouragés à monter de petites activités rémunératrices, même provisoires, pour les personnes démunies; aux étudiants, elle a aussi confié l'analyse de cette expérience, en particulier par des mémoires dans le cadre de leurs études universitaires.

Ainsi, dans des facultés de sciences économiques et de bien d'autres disciplines, des instituts de sciences politiques ou des écoles de commerce, des jeunes ont proposé à leurs professeurs des mémoires ou des thèses sur ce sujet. Une centaine est achevée ou en cours de réalisation dans le monde. Markus Ressl, un jeune Autrichien, raconte comment il a rédigé son mémoire de maîtrise, puis une thèse de doctorat pour contribuer à l'économie de communion. Ces mémoires et ces thèses peuvent être consultées sur un site Internet (cf. adresses utiles).

En 1989, je choisis de m'orienter vers des études supérieures de commerce dans l'espoir de bien gagner ma vie, plus facilement que mon père qui comme électricien travaillait dur pour un petit salaire.

En 1990, je découvre que Dieu existe et que l'amour vécu dans la vie quotidienne peut donner du sens à la vie. Je remets donc en cause la motivation que j'ai donnée à mes études, et aussi beaucoup de valeurs proposées à l'université d'économie. Je me rapproche alors de la communauté des Focolari où je trouve des personnes qui ont pris la décision de mettre l'amour évangélique au cœur de leur vie. Je découvre là une spiritualité qui répond à mes aspirations. Dans l'expérience des Focolari, je trouve aussi des réponses aux questions que je me suis posées face aux aspects inhumains de l'économie actuelle.

Quand l'économie de communion est lancée par Chiara Lubich en 1991, je comprends tout de suite que ce projet est la réponse que je cherche. Je pense d'abord que c'est peut-être un peu simpliste de partager seulement les bénéfices. Mais en voyant les résultats de l'expérience du mouvement dans le monde, et aussi dans ma vie personnelle, je comprends que cela vaut le coup d'étudier plus à fond cette proposition d'une économie nouvelle, et je décide d'écrire mon mémoire sur le sujet. Je commence tout de suite à chercher, dans le mouvement des Focolari, des spécialistes de l'économie pour préparer un projet de mémoire. J'en trouve un aux États-Unis où je me rends pour un job d'été, et après des heures de conversation avec lui, je rédige les premières idées pour mon mémoire dont le plan est accepté par un professeur de philosophie à l'Université d'économie de Vienne. Cette Université d'État compte environ 20000 étudiants. Mon professeur accepte mon sujet par simple curiosité et parce que l'économie de communion est un projet concret mené par des entrepreneurs qui mettent immédiatement en pratique cette idée.

Dans ce mémoire je tente d'analyser cette nouvelle conception de l'économie, en la comparant avec les grandes théories économiques d'Adam Smith, de Marx et de Keynes. Finalement mon professeur m'accorde une bonne note, mais me fait remarquer que je n'ai pas pris suffisamment de distance personnelle avec le sujet du mémoire. Je comprends alors que les méthodes d'analyse classiques ne sont pas adaptées pour appréhender l'économie de communion.

En 1995, mon mémoire terminé, j'envisage de travailler, mais je ressens aussi le désir d'approfondir l'économie de communion par un doctorat. Comme à ce moment-là il n'y a pratiquement pas de travaux de recherche scientifique sur le sujet, c'est une entreprise assez difficile. J'ai découvert, en travaillant pour mon mémoire, que l'économie de communion a un potentiel énorme pour résoudre les problèmes économiques contemporains. C'est ce qui me pousse à commencer une thèse qui doit normalement me demander trois ans. Le but serait d'identifier les éléments responsables de la croissance de l'économie de communion, et donc d'évaluer les chances d'un développement des entreprises qui la constituent dans une économie en voie de mondialisation. Il me faut trouver deux professeurs pour diriger mes recherches. Mon professeur de mémoire accepte à la condition qu'il y ait une étude sérieuse sur le terrain. Après une longue discussion, un professeur d'économie générale, très connu et estimé à l'université, accepte de suivre ma thèse. Au bout de quelques semaines j'ai donc un sujet et deux professeurs. Mais pour obtenir l'accord formel du recteur de l'université sur mon sujet, il me faut par contre presque un an, et de nombreuses relances.

Pendant ce temps, je commence à préparer l'analyse empirique de l'économie de communion en lisant beaucoup d'articles sur le sujet, et à prévoir des voyages pour rencontrer les entrepreneurs. Je choisis pour ma recherche « l'observation participative », une nouvelle méthode des sciences sociales qui consiste à entrer personnellement dans « l'objet de la recherche ».

L'organisation des visites des entreprises se montre plus difficile que prévu parce que c'est la première fois que ceux qui sont responsables de l'économie de communion sont confrontés à une telle demande. Je suis prêt à abandonner parce que l'organisation de mon enquête semble impossible. Mais finalement le 1er mai 1997, je pars seul, avec mon questionnaire, un magnétophone pour enregistrer les interviews, et un ordinateur portable. Je n'oublierai jamais ce départ dans la voiture que providentiellement on avait mise à ma disposition. Je me sens plein d'enthousiasme à l'idée de voir les pionniers de ce projet, convaincu que l'économie de communion est une réponse de Dieu aux problèmes économiques de la société contemporaine.

Première destination: la Belgique, où je rencontre les cinq premiers entrepreneurs. Mais en chemin, des doutes m'assaillent: est-ce bien de me séparer d'Élisabeth, ma femme, pour deux semaines, de dépenser le peu d'argent que nous avons et de «perdre mon temps» alors que j'aurais pu, comme beaucoup de mes camarades de l'université, faire carrière et gagner de l'argent? Cette économie nouvelle, basée sur des personnes qui donnent et qui aiment, n'est-ce pas une illusion?.. Mais désormais je suis parti, et je sais qu'il faut mener à bien le projet commencé. Au bout de deux semaines et de cinq mille kilomètres, j'ai rencontré dix entrepreneurs en Belgique et en Allemagne.

L'année suivante, je fais d'autres voyages en Italie, en France, au Brésil, en Argentine, au Chili, en Uruguay et aux Philippines. Au total, je suis parti pendant plus de cinq mois, j'ai fait 107000 kilomètres pour visiter, analyser et comprendre cent trois entreprises et sept projets sociaux. Entre les voyages, je travaille pour financer les déplacements à venir parce que je n'ai qu'une petite bourse. Après le voyage au Brésil en juillet et août 1997, je n'ai ni argent pour continuer à voyager, ni travail pour gagner de l'argent. Donc, pour bien utiliser mon temps, je commence à rédiger les conclusions de mes recherches. Puis la providence vient encore une fois à mon aide et je peux aller en Argentine, au Chili et en Uruguay. Le dernier voyage de recherche m'amène aux Philippines, mais aussi aux limites de mes forces physiques, à cause du climat, de la nourriture et de la fatigue du voyage.

Je m'étais fixé trois ans pour le doctorat. En avril 1998, voyant que la thèse est encore loin d'être finie, nous décidons avec Élisabeth que je cherche un travail à plein temps. Sans trop de mal, je trouve un travail qui ne commence qu'en août 1998. En septembre je réussis à terminer la rédaction de la thèse (quatre cents pages). Mais comme elle est rédigée en anglais, il faut qu'elle soit corrigée. Donc en décembre 1998 je prends des congés pour aller en Écosse présenter ma thèse à une étudiante qui fait un doctorat sur le même sujet. Nous voyons très vite que les corrections ne pourront pas se faire en quelques jours et je constate que les suggestions de cette « collègue » sont très importantes. La rédaction n'est donc achevée qu'en septembre 1999.

La conclusion principale de mes recherches me permet d'affirmer que la force collective des entreprises analysées tient à la grande cohésion de leurs dirigeants, la similitude de leurs objectifs et à la coopération entre les entrepreneurs étudiés et les instigateurs du projet global. J'en déduis que si l'économie de communion veut se consolider, ce ne peut être qu'au prix d'une coopération encore plus intense, d'une organisation collective plus structurée et d'une mondialisation plus systématique des relations économiques entre les unités de base.

Je n'ai plus le temps pour approfondir le lien entre l'observation sur le terrain et la théorie économique actuelle, comme le désirent mes professeurs qui ne veulent plus accepter ma thèse. J'ai le sentiment que tout est perdu, après quatre années de travail et d'investissement total. Alors je me dis: « J'ai fait tout ce qui était en mon pouvoir. Si cela ne débouche pas sur un doctorat, je l'accepte. » En octobre 1999, les professeurs donnent finalement leur accord pour la soutenance de ma thèse. Juste avant Noël, je reçois le titre de « docteur ».

Markus Ressl,
Autriche, 2001

Chapitre VIII

FINALITÉS

AVEC LES PLUS PAUVRES

Les sommes données par les entreprises sont destinées d'une part à répondre aux nécessités des plus démunis, d'autre part à diffuser les valeurs du don et du partage.

Vera Araújo, sociologue brésilienne, l'une des responsables de cette diffusion au Centre international du mouvement des Focolari, répond à nos questions sur les buts de l'économie de communion.

Qui sont ces pauvres aidés grâce à l'économie de communion?

Je crois que, pour bien comprendre quel rôle et quelle place occupent les pauvres dans le projet de l'économie de communion, il faut se reporter à une caractéristique essentielle du mouvement des Focolari, au sein duquel ce projet a vu le jour: le mouvement des Focolari est né et continue de se développer comme une famille. Je parle de famille, non pas au sens d'un modèle, mais au sens réel. Les liens, les sentiments qui lient tous les membres du mouvement, à travers le monde entier, sont des liens fraternels; ils se reconnaissent entre eux comme des frères et des sœurs. Ils composent une communauté de frères, sur la parole du Christ qui nous dit que nous avons un seul Père qui est aux cieux et que nous sommes tous frères sur cette terre.

Cela a des conséquences très importantes. En effet, dans la famille naturelle, où ces liens fraternels existent, on voit que tous les membres contribuent au même titre à la vie de la famille et à sa croissance; tous ont les mêmes droits et les mêmes devoirs. Dans la famille du mouvement des Focolari, tous ont les mêmes droits et les mêmes devoirs, et font leur possible pour contribuer à ce que chacun grandisse en humanité. Cette famille que constitue le mouvement est internationale. Elle vit aux quatre coins de la terre, dans les endroits les plus disparates, mais ce n'est pas une difficulté. Nous sommes frères et sœurs, que nous vivions au Pakistan, en Inde ou à Bangkok, en Amérique latine ou en Afrique ou bien encore en Europe. On trouve donc au sein de cette famille les situations les plus diverses, mais cela n'a d'autre effet que de nous stimuler à faire en sorte que tous grandissent en humanité. Aussi, dès les origines du mouvement, on a toujours pratiqué la communion des biens matériels en faveur des membres de cette famille qui connaissaient des difficultés financières. Car, dans une famille, il n'y a pas d'un côté ceux qui mangent et, de l'autre, ceux qui ne mangent pas: tous ont de quoi manger. Et si, pour que tous puissent manger, il est nécessaire que certains mangent moins, on le fait. De même, dans notre mouvement, depuis ses origines et aujourd'hui encore, partout où il est présent dans le monde, on pratique la communion des biens. L'économie de communion est l'expression de cette réalité.

Lorsque Chiara Lubich s'est rendue au Brésil, en 1991, elle a constaté une situation d'extrême pauvreté, un fossé profond entre riches et pauvres. Or, elle savait que dans les favelas de São Paulo vivaient un grand nombre de membres du mouvement qui manquaient du nécessaire et, d'autre part, on l'informait aussi que la communion des biens pratiquée spontanément au quotidien, au sein du mouvement au Brésil, n'était pas suffisante pour subvenir aux besoins des plus pauvres d'entre eux. C'est alors que jaillit dans le cœur de Chiara Lubich l'intuition du projet de l'économie de communion: créer des entreprises qui pratiqueraient une communion des biens, non plus de façon spontanée mais structurée, par une mise en commun de leurs bénéfices, dont l'objectif premier serait de répondre aux nécessités de l'ensemble des pauvres qui partagent notre vie, notre idéal.

Ce projet, comme nous le savons, s'est ensuite élargi au monde entier. D'où ma réponse à la question: *qui sont ces pauvres?* Ce sont tous les pauvres qui sont membres du mouvement des Focolari et présents dans le monde entier: des taudis de l'Inde aux bidonvilles de l'Amérique latine et jusqu'aux grandes agglomérations de l'Asie, aux villages de l'Afrique, etc. Ces pauvres sont donc des membres du mouvement des Focolari. Les autres pauvres ne sont pas exclus, au contraire. Toutefois, dans cette phase initiale où les bénéfices mis en commun ne sont pas encore suffisants pour couvrir les besoins des pauvres au sein de notre propre mouvement, il est évident que nous devons commencer par aider ceux qui appartiennent à notre famille. Dès que nous serons en mesure d'aider aussi les autres, nous le ferons.

Dans quel cas sont-ils aidés?

Ils le sont pendant une période donnée. Cette aide leur est apportée pour faire face à des nécessités vitales: nourriture, habillement, médicaments, etc. Dès que leur situation s'améliore, ils nous disent d'eux-mêmes qu'ils n'en ont plus besoin et nous demandent d'en aider d'autres, plus démunis qu'eux.

S'agit-il d'une aide d'urgence ou d'une aide destinée, comme dans le microcrédit, à la création d'une activité durable? Quelles actions sont entreprises pour que ces personnes démunies sortent définitivement de leur condition?

Il s'agit d'une aide d'urgence; car il y a urgence. Naturellement, le projet de l'économie de communion a permis, au fur et à mesure de son développement, non seulement d'aider ces personnes qui sont dans le besoin mais aussi de fournir des emplois, grâce au développement des entreprises. En créant des emplois, ce projet crée donc aussi des activités durables.

Est-ce une aide permettant de soutenir des projets collectifs à long terme tels que dispensaires, écoles, etc. ?

C'est aussi cela, entre autres, dans un certain nombre de situations. Mais, je le répète, cette aide est destinée en premier lieu aux personnes les plus démunies.

Comment les fonds sont-ils redistribués, et par qui?

Ces personnes sont membres du mouvement des Focolari et sont donc connues des responsables du mouvement présents dans les différentes parties du monde. Ceux-ci en dressent une liste afin d'informer le centre du mouvement, en Italie, de l'existence de ces nécessités. Les bénéfices sont recueillis auprès de toutes les entreprises adhérant à l'économie de communion par une commission centrale qui ensuite redistribue ces bénéfices dans tous les territoires, sur tous les continents, par l'intermédiaire des responsables du mouvement sur place. On rend compte aux entreprises, jusqu'au dernier centime, de l'usage fait des bénéfices qu'elles ont donnés.

L'économie de communion ne fait-elle qu'apporter un soulagement à ceux qui souffrent de la pauvreté, ou bien contribue-t-elle à l'éradication de la pauvreté?

Elle fait l'un et l'autre. Elle soulage la misère en venant en aide à ceux qui souffrent de la pauvreté, c'est certain. Mais elle contribue aussi à éradiquer la pauvreté. En effet, comme ce livre voudrait le montrer, l'économie de communion est un projet porteur d'une mentalité nouvelle et de comportements nouveaux qui se nomment: partage, culture du don, solidarité, gratuité. Un projet qui met en œuvre de telles attitudes et une telle mentalité, ne peut donc que contribuer à éradiquer la pauvreté.

Comment s'établit le lien entre les chefs d'entreprise, qui donnent, et les personnes démunies, qui reçoivent? Qu'en est-il de la dignité de ceux qui reçoivent? Peut-on parler de «communion» entre ceux qui donnent et ceux qui reçoivent?

Je reviens sur l'idée de famille. Cette idée est une réalité entre tous les membres du mouvement et c'est une réalité en chaque lieu, dans chacun des aspects et chacune des communautés qui constituent le mouvement dans son ensemble. L'entreprise qui adhère à l'économie de communion se présente et se caractérise comme une communauté de personnes où tous les acteurs ont entre eux des rapports de frères. Quels sont les acteurs de l'économie de communion? Tout d'abord, le chef d'entreprise, les propriétaires de l'entreprise, et ceux qui prennent à leur compte et assument le projet de l'économie de communion. Ce sont aussi les salariés de l'entreprise; mais ce sont aussi les pauvres, c'est-à-dire les personnes qui bénéficient de l'aide collectée grâce à la mise en commun des bénéfices de l'entreprise. Ce ne sont pas de simples bénéficiaires mais des membres de l'entreprise. Ce sont eux qui donnent à l'entreprise la possibilité de mettre en œuvre l'une de ses dimensions essentielles, qui consiste à vivre la culture du don. Le lien entre ceux qui donnent et ceux qui reçoivent est un rapport d'égalité et de dignité. Les uns et les autres donnent; les uns et les autres vivent la culture du don. Le chef d'entreprise donne de l'argent; ceux qui reçoivent donnent leurs besoins, avec dignité. On peut donc parler d'une communion qui se réalise par le don réciproque entre les uns et les autres. On écarte ainsi le danger d'envisager l'économie de communion comme une œuvre de bienfaisance ou de philanthropie. Il s'agit de réaliser une communion entre des personnes grâce, entre autres, à un partage des biens matériels.

L'impôt réalise déjà dans de nombreux pays une répartition des richesses qui permet d'apporter aux personnes défavorisées des secours et des aides. En quoi l'économie de communion est-elle différente?

Cette question est intéressante. L'impôt réalise une répartition des richesses par l'intervention directe de l'État: les entreprises produisent des biens et des richesses sur lesquelles l'État prélève des impôts et en redistribue une part. Ce principe semble suggérer que les entreprises et le monde économique ne doivent pas s'occuper de redistribuer les richesses et doivent seulement s'intéresser à les produire. L'économie de communion vient inverser ce concept : ce sont des entreprises qui suscitent une répartition supplémentaire des richesses, tout comme l'État le fait à travers ses propres institutions. Dans l'économie de communion, par la mise en commun des bénéfices, l'entreprise devient acteur et prend elle-même l'initiative d'une redistribution pour répondre aux situations de pauvreté existant encore aujourd'hui dans le monde.

Quelles sont les réactions de ceux qui reçoivent cette aide ? Ne risquent-ils pas de devenir des assistés ?

Non, car ils sont acteurs et non pas assistés. Leur réaction est merveilleuse : ils sont convaincus de recevoir ces dons des mains de Dieu lui-même à travers l'entrepreneur.

En quoi consiste la culture du don ?

La culture du don fait partie de l'essence même du charisme de l'unité. La première manifestation du charisme de l'unité est la découverte de Dieu-Amour, un Dieu qui se donne à nous et qui sollicite notre réponse. Dieu est amour parce qu'il est Trinité. Il est communion et nous sommes donc appelés à entrer, nous aussi, dans ce dynamisme divin, dans cette relation d'amour entre nous. Donner est donc toujours synonyme d'aimer. Chaque don que nous faisons à l'autre – que nous donnions de nous-mêmes ou de nos biens – a sa source dans notre participation à ce dynamisme au sein de la Trinité. Ces principes théologiques transforment la personne dans son être même et fondent une anthropologie nouvelle, un discours nouveau sur l'homme. Donner est donc une dimension de la personne que nous devons vivre de façon concrète, en étant amour.

Être amour, vivre l'amour, signifie se donner; cela signifie aussi donner des choses matérielles, les partager. Donner n'est pas une activité simple. Il faut comprendre que c'est un véritable art : l'art de donner, qui exige des attitudes différentes, des profondeurs à découvrir. Il faut donc savoir donner.

Chiara Lubich, dans une méditation sur ce sujet, écrit : « Voilà le miracle de l'Évangile que nous devons savoir mettre en œuvre : savoir donner à nos frères les richesses spirituelles que nous possédons. Il faut savoir donner à nos frères dans un acte d'authentique charité qui enrichit notre âme au lieu de l'appauvrir : car, aux richesses qu'elle possède déjà, s'ajoute ce nouvel acte d'amour qu'elle accomplit. Mais comment cela peut-il se réaliser? En donnant, tout en demeurant en communion avec le Christ présent dans notre âme, et en communion avec nos frères en qui nous voyons et nous aimons le Christ. Il est certain que le fait de garder pour soi les richesses spirituelles stérilise l'âme et la bloque dans son cheminement. » J'ajouterai que cet art de donner est également caractéristique de certaines attitudes propres à la manière de donner selon l'Évangile : donner gratuitement, donner avec largesse et abondance, et donner avec joie, dans l'allégresse du cœur. On peut aisément comprendre, me semble-t-il, que cette culture du don se présente comme une solution de remplacement à la culture de l'avoir qui domine nos habitudes de vie.

Qui est concerné par la formation à la culture du don?

Tous ceux qui participent à notre mouvement, et tous ceux

que nous côtoyons au quotidien, ou que nous rencontrons. Cette formation s'adresse à tous. C'est une invitation, un appel à sortir de notre égoïsme, de notre individualisme, de notre égocentrisme, pour nous placer dans une position de relation à l'autre et de partage.

Comment s'organise-t-elle?

La culture du don ne s'organise pas: elle se vit. On organise des congrès, des rencontres, des séminaires, pour la communiquer. Mais, en tant que culture, elle ne s'organise pas. Elle se diffuse à travers une production littéraire – livres, articles – mais, par-dessus tout, à travers le témoignage de la vie.

Il existe dans le mouvement des Focolari des cités-pilote comme la mariapolis Araceli au Brésil. Quels sont leurs buts?

La fondatrice des Focolari a toujours considéré les cités-pilote comme des villes modèles qui rayonnent un style de vie conforme à l'Évangile et peuvent témoigner au monde ce que serait la société si ses membres vivaient l'Évangile. Les cités-pilote sont des villes modernes avec toutes les caractéristiques d'une ville moderne: travail, études, sport, art, vie familiale, présence des jeunes, tous ces aspects étant imprégnés d'amour au niveau des relations entre ses habitants, au niveau de ses institutions, de son organisation. L'amour réciproque apporté par le Christ – « aimez-vous les uns les autres comme je vous ai aimés » – est le fondement de la vie de ces cités-pilote.

Quel est leur lien avec l'économie de communion?

L'idée de Chiara Lubich serait qu'un grand nombre des entreprises participant à l'économie de communion vienne s'établir dans ces cités-pilote – non pas exactement à l'intérieur, mais sur un terrain adjacent. En effet, si la cité-pilote témoigne de la cité céleste, les entreprises de l'économie de communion témoignent de la cité terrestre, mais toutes deux sont animées par la même loi – la loi de l'amour et de la communion. C'est pourquoi, à côté de certaines cités-pilote, des zones d'activités ont été créées où des entreprises de l'économie de communion commencent à s'installer. La plus importante d'entre elles est celle qui a été créée à côté de la cité-pilote Araceli, dans les environs de São Paulo, au Brésil; elle s'appelle Pôle Industriel Spartaco et déjà un certain nombre d'entreprises s'y sont établies. Toutes les autres entreprises de l'économie de communion au Brésil sont reliées à ce Pôle Spartaco comme à un point de référence, un phare, un exemple, une lumière.

Quand on n'est pas chef d'entreprise, peut-on participer à l'économie de communion?

Oui, bien évidemment. L'économie de communion est un projet dans lequel les chefs d'entreprise ne sont pas les seuls à être directement impliqués. Il concerne aussi tous ceux qui participent à la vie de l'entreprise et donc ceux qui y travaillent. Il concerne aussi les fournisseurs, les clients et donc, en fin de compte, nous tous. Participer au projet de l'économie de communion suppose que l'on se sente partenaire actif du projet en y contribuant de différentes manières : par notre prière, notre aide concrète, notre soutien financier.

Le modèle de l'économie de communion est-il applicable en dehors du mouvement des Focolari?

Il est difficile de répondre à cette question. Elle a été posée à plusieurs reprises à Chiara Lubich elle-même. Sa réponse a toujours été la suivante : certes, l'économie de communion peut être appliquée en dehors du mouvement des Focolari. Il suffit que les personnes qui veulent l'appliquer aient les mêmes idéaux que ceux qui ont donné naissance à l'économie de communion, des idéaux de partage, d'amour réciproque, de solidarité, et la volonté de répartir leurs bénéfices. Si ces personnes sont capables de suivre ces idéaux sans appartenir au mouvement des Focolari, elles peuvent tout à fait appliquer le modèle de l'économie de communion.

Vera Araújo,
Institut Culturel International de Loppiano,
Florence, Italie, mars 2001

En 1993, Chiara Lubich constate que les sommes versées par les entreprises ne suffisent pas à couvrir les besoins recensés, concernant alors 5000 personnes. Elle fait donc appel aux membres du mouvement des Focolari, de tous âges et de tous pays, en leur proposant de donner chacun cent francs (15 euros) pour répondre à ces nécessités de l'année. C'est ce qui a été appelé l'opération 5000, devenue ensuite opération 10000.

En novembre 1995, elle écrit aux membres du mouvement:

« Qui sont ceux de nos frères à qui aujourd'hui le Père éternel, avec l'opération 5000, veut faire du bien?

« Je les connais, j'en ai vu quelques-uns en photo: ils sont souriants et dignes, fiers d'être fils de Dieu et de ce mouvement...

« Comme ils sont dignes, ils ont cherché à s'aider eux-mêmes. Ce n'est pas qu'ils manquent de tout. Mais ils ont encore des besoins, de quelque chose d'essentiel même... Ils ont besoin d'une certaine garantie que leurs enfants et eux-mêmes auront de quoi manger; que leur maison, parfois une baraque, changera d'aspect un jour; que leurs enfants pourront continuer à étudier; qu'une maladie, dont le traitement coûteux est sans cesse remis à plus tard, pourra finalement être soignée; qu'avec un peu de sérénité, on pourra trouver un emploi pour le père de famille...

« Oui, ceux de nos frères qui sont dans le besoin, qui eux-mêmes souvent en aident d'autres, sont un visage bien précis de Jésus, qui mérite notre amour et un jour nous répétera: "J'avais faim, j'étais nu, j'étais sans toit... ou ma maison était détruite... et vous"...

« Nous savons ce qu'il nous dira!..

« Je suis toujours avec vous. »

Quelques échos en retour

Ceux qui ont été aidés expriment souvent leur reconnaissance. Voici quelques extraits de lettres qui témoignent que ces personnes sont bien engagées elles aussi dans la culture du don.

« Merci ! Avec l'argent reçu, nous avons pu construire une cuisine à l'arrière de notre maisonnette. Mon mari a retrouvé un travail, et nous avons pensé que l'aide que nous recevions peut maintenant être donnée à d'autres qui en ont plus besoin » *(Philippines).*

« Depuis un an je reçois cette aide. Ce qui pourrait sembler peu pour certains, c'est énorme pour moi, pas seulement parce que ça m'aide à donner à manger à toute ma famille, mais parce que ça me fait sentir l'amour de la famille du mouvement. Je remercie Dieu qui a inspiré l'économie de communion » *(Uruguay).*

« Pendant un violent orage, j'ai été touchée par la foudre qui m'a laissée à moitié paralysée, et a fait un énorme trou dans la maison. Dans notre région, il y a des croyances traditionnelles : quand il arrive une chose de ce genre, on dit que quelqu'un vous a jeté un sort, et qu'il faut aller voir le sorcier. J'ai refusé parce que je suis sûre que c'est Dieu seul qui prend soin de nous. Son amour m'avait préparé une surprise. À mon retour de l'hôpital, les murs de la maison avaient été réparés avec l'aide qui était arrivée entre-temps » *(Cameroun).*

« Avec l'argent que j'ai reçu, j'ai été en ville faire les courses. J'étais dans une boutique où j'avais tout trouvé, mais je me suis rappelé qu'il y avait des gens qui ont encore moins que moi. Je suis ressortie et j'ai trouvé une autre boutique où j'ai pu économiser cinq dollars que j'ai mis en commun pour les 10000 comme moi » *(Brésil).*

« Notre famille comprend cinq personnes et notre situation

était devenue difficile. Nous avons reçu une aide régulière pour les médicaments, la nourriture, le chauffage, et chaque fois nous ne voulions pas laisser passer l'occasion d'apporter nous aussi une petite contribution. Nous sommes musulmans, et pendant le ramadan, nous avons donné ce que nous avons épargné sur la nourriture» *(Macédoine).*

Quelques précisions et données chiffrées

Les entreprises qui, en 2005, ont manifesté concrètement leur engagement dans l'économie de communion étaient au nombre de 735, réparties sur les 5 continents :

– en Europe : 458 (dont 20 en France, 17 en Belgique et 30 en Suisse),
– en Amérique Centrale et du Sud : 200
– en Amérique du Nord : 41
– en Asie : 32
– en Afrique : 2
– en Australie : 2

Ces entreprises appartiennent à tous les secteurs d'activité :

– services : 366
– production : 188
– commerce : 148
– autres : 33

Parmi ces entreprises (dont une centaine de micro-entreprises) un certain nombre n'a pas, cette année-là, pu verser de bénéfices. Celles qui ont participé à la mise en commun mondiale, caractéristique de l'économie de communion, ont apporté en 2005 un montant total de 718 412 €.

Comme chaque année, la moitié de ce montant a été affectée aux besoins des personnes en difficulté connues directement qui, en 2005, étaient au nombre de 6849. Les sommes apportées par les entreprises n'étant pas encore suffisantes par rapport à ces besoins, les membres du mouvement des Focolari ont ajouté par « l'aide extraordinaire » la somme de 1 155 548 euros, ce qui a permis de réunir 1 514 754 €, couvrant 82 % des besoins identifiés.

Ce n'est qu'en 2006 que les sommes recueillies ont permis de répondre à la totalité des besoins recensés pour les personnes en difficulté.

Ce montant total a été remis, pour faire face aux premières nécessités, à la scolarisation des enfants, à des soins médicaux, au logement, et à des besoins divers de familles et de personnes vivant :

- *en Europe centrale et orientale (15 %),*
- *au Proche-Orient (2 %),*
- *en Afrique (6 %),*
- *en Amérique Centrale (14 %),*
- *en Amérique du Sud (46 %),*
- *et en Asie (17 %).*

L'autre moitié des sommes données par les entreprises a été consacrée comme chaque année à la formation à la culture du don, en finançant, dans les différents pays où les ressources des communautés locales du mouvement des Focolari ne suffisent pas, des rencontres, des séminaires de formation, des formations longues, pour les jeunes en particulier, et des publications.

Les dons des entreprises prennent différentes formes

– l'essentiel des sommes mises en commun au niveau mondial vient des dons que les chefs d'entreprise choisissent de faire à partir des bénéfices, qu'ils perçoivent en général sous forme de dividendes; ces sommes ont alors été soumises à l'impôt sur les bénéfices de la société, puis aux impôts sur les revenus des personnes physiques.

– quand la législation du pays autorise la société à faire directement, dans ses charges, des dons ou versements au titre du « mécénat », les chefs d'entreprise utilisent cette possibilité légale, et ces sommes ne sont soumises à aucun impôt.

– les témoignages des chapitres précédents montrent que les chefs d'entreprise prennent souvent des initiatives locales dans le sens du partage (offres d'emploi, mesures sociales, création et financement d'une fondation.); ces initiatives viennent en plus des dons effectués pour les buts de l'économie de communion et ne sont pas comprises dans les chiffres ci-dessus.

Chapitre IX

REGARDS D'ÉCONOMISTES

LE DON DANS LA PRATIQUE ÉCONOMIQUE

Michel Kremppper, docteur en économie, cadre dans un grand groupe européen de services et engagé dans la Communion du Chemin Neuf, porte un regard sur l'économie de communion qui est à la fois celui d'un chrétien et celui d'un économiste d'entreprise. Ce texte reprend certains éléments d'une intervention qu'il a faite à Paris le 28 mars 1999.

Premier constat

En dix ans l'économie de communion a produit des résultats tangibles. Il y a bien sûr les chiffres pour en attester : six cent cinquante-quatre entreprises y participent, auxquelles s'ajoutent quatre-vingt-onze micro-entreprises. De nombreux secteurs d'activité sont touchés, de l'agriculture aux services en passant par l'industrie et la banque...

Peut-être moins apparents, mais tout aussi importants, sont les réseaux de solidarité mis en place : réseaux de proximité constitués sur une base territoriale dans les zones d'activités des cités-pilote, réseaux de relations humaines et techniques connectant les entreprises de l'économie de communion à l'échelle plus large des relations intercontinentales nouées entre entreprises du Nord et celles du Sud. C'est ce qui ressort par exemple du témoignage de François Neveux offrant sa technologie de rotomoulage au Brésil.

De ce fait, les résultats s'inscrivent dans le long terme. Non seulement ces entreprises naissent et se développent en dépit d'un environnement local souvent hostile, mais qui plus est, elles sont solides! À l'exemple de la Banco Kabayan aux Philippines qui a survécu à la grande crise financière asiatique de 1997, elles parviennent même à résister aux tempêtes les plus violentes, là où d'autres placées dans les mêmes conditions sont balayées.

Au plan économique, tout se passe comme si ces entreprises, par leur appartenance à l'économie de communion et par leur ancrage dans ces réseaux de solidarité, bénéficiaient, en plus des ressources monétaires nécessaires à leur activité, de ressources non-monétaires supplémentaires constituées par ce qu'Alberto Ferrucci appelle le «capital relationnel», généré non seulement par le climat interne de l'entreprise mais aussi par les relations externes que ses dirigeants ont su développer.

De plus, un chrétien ne peut s'empêcher de voir dans ces réseaux l'émergence de «structures de solidarité» poussées par l'Esprit Saint, face aux véritables «structures de péché» que sont les pratiques de corruption, fraude fiscale, concurrence déloyale, surexploitation des employés, dilapidation des ressources. Ces pratiques constituent les plus graves freins à l'éradication de la pauvreté. Or c'est bien là l'une des finalités de l'économie de communion, selon le commandement biblique: «Il n'y aura pas de pauvres chez toi» (Dt 15,4).

Avec ces réseaux d'entreprise, la charité redevient authentique et retrouve son sens originel. Elle se refait *agapè*, amour au sens évangélique. D'ailleurs la solidarité n'est-elle pas la forme moderne, «laïcisée», de la charité, notamment parce qu'elle implique la réciprocité (cf. *Sollicitudo rei socialis*)?

Deuxième constat

Parce que l'économie de communion fonctionne, s'organise et s'ancre dans la réalité de nos sociétés d'aujourd'hui, parce qu'elle n'est pas une lointaine utopie comme d'autres utopies sociales des XVIIIe et XIXe siècles, elle ne peut que pousser le croyant à croire que Dieu agit dans tous les domaines de la vie, y compris dans la sphère des activités économiques. Trop souvent nous estimons en effet que Dieu n'a pas grand-chose à faire dans nos entreprises, en tout cas, pas directement dans la production des richesses (les financiers parlent à présent de création de valeur). À la rigueur, nous lui concédons la possibilité d'inspirer nos décisions « privées », comme celle d'affecter nos revenus personnels à une action caritative, voire d'intervenir dans les relations interpersonnelles ou sociales. Mais d'ici à ce qu'il puisse avoir la place qu'il attend dans toute notre vie, et donc aussi dans nos décisions « publiques » pour le fonctionnement des entreprises et l'allocation des richesses générées par leur activité…

L'économie de communion nous oblige à sortir de cet athéisme pratique qui est le nôtre lorsque nous évacuons le Seigneur de la conduite de nos affaires, au motif que « les affaires sont les affaires ».

Au contraire, comme le montrent bien les témoignages de Carlos et Cristina Marques et celui de Tita Puangco, en inscrivant explicitement dans leur projet d'entreprise le don pour les plus pauvres, en y consacrant une partie des richesses produites par la firme selon la fameuse règle des « trois parts », les responsables d'entreprise ayant répondu à l'appel de Chiara Lubich, vont jusqu'à faire de Dieu leur « associé ».

En se tournant vers le plus démuni, présence du Christ parmi nous aujourd'hui (Mt 25), l'entreprise engagée dans cette dynamique signifie à son environnement qu'elle entend laisser la place à ce « Quelqu'un » habituellement interdit dans la vie des affaires. Ainsi, elle permet à tous ses membres, patron comme salariés, de faire l'expérience du divin dans son fonctionnement de tous les jours, et donc de l'action possible de la providence. Les témoignages sont également nombreux dans ce livre, qui attestent de son intervention ainsi que de l'efficacité de la prière, en particulier dans les phases critiques que les entreprises de l'économie de communion traversent immanquablement, comme toutes les entreprises soumises aux lois des marchés concurrentiels.

Mais pour que Dieu puisse agir, encore faut-il lui ouvrir notre cœur, modifier notre regard sur lui, sur les autres et sur nous-mêmes, le laisser prendre les commandes, et suivre ses commandements. Le vouloir, c'est nécessairement s'imposer une conversion. De fait, tous les témoignages de chefs d'entreprise engagés dans cette voie montrent l'ampleur des retournements provoqués par l'adhésion à la spiritualité de l'unité. Transparence dans les rapports avec le personnel et dans le dialogue social, refus de la fraude fiscale, des pots-de-vin et de la concurrence déloyale, respect du consommateur et de l'environnement deviennent alors tout naturellement les règles de base de leur gestion.

Loin de la fragiliser, d'amoindrir sa compétitivité, ces pratiques consolident l'entreprise, l'ancrent dans des valeurs et permettent le partage de ces valeurs par ses différents partenaires : management, personnel, fournisseurs… pour finalement générer plus de Valeur.

Troisième constat

En réintroduisant le don et la gratuité au cœur des processus économiques, c'est-à-dire dans la sphère de la production des richesses, en ne limitant pas leur rôle à la seule sphère de leur redistribution, l'économie de communion bouscule fortement les concepts de base de l'économie politique classique, dominée par la pensée libérale ou néo-libérale. Pour celle-ci, la recherche de la satisfaction maximale des besoins et des désirs individuels resterait non seulement le principal ressort de la soi-disant « machine économique », mais également la pierre angulaire d'une société harmonieuse, l'addition des satisfactions individuelles ne pouvant manquer d'aboutir au bonheur de tous. Pourtant maintes fois remis en cause, le modèle analogique de base demeure la fameuse fable des abeilles énoncée par de Mandeville il y a plusieurs siècles, selon laquelle la prospérité de la ruche est assurée par l'égoïsme de chaque abeille.

Démontrant dans la pratique sociale l'inadéquation de cette conception et des constructions intellectuelles qui reposent sur elle, l'économie de communion interpelle les théories économiques dominantes et le monde de la recherche. D'où un foisonnement de travaux, thèses et mémoires, fruit sans doute inattendu de l'appel lancé par Chiara Lubich au Brésil en 1991 et permettant une meilleure compréhension de la portée générale du mouvement amorcé, au profit de l'ensemble des chercheurs en sciences sociales.

Il est prématuré de faire un bilan de tous ces efforts de recherche. Néanmoins trois axes semblent se dégager.

Le premier concerne « l'homo economicus », sujet de base de la pensée économique classique, qui ne sort pas indemne du débat! En fait, la réflexion sur l'économie de communion conduit à dépasser cette vision individualiste étriquée de l'homme pour l'élargir à ses dimensions familiales et communautaires. Sans cette vision élargie, les conduites économiques suscitées par l'initiative des Focolari restent totalement incompréhensibles.

Le second axe est celui d'une très nette convergence avec un ensemble de travaux scientifiques développés ces vingt dernières années, remettant radicalement en cause « l'utilitarisme » comme fondement de l'économie, à partir des critiques de ses présupposés anthropologiques et d'une redécouverte du rôle majeur du don dans les sociétés d'hier et d'aujourd'hui. Déjà, l'ouvrage collectif, paru en 1993 aux éditions Nouvelle Cité et intitulé *Pour une économie de communion*, soulignait l'intérêt des travaux du Mouvement AntiUtilitariste en Sciences Sociales (MAUSS) et notamment ceux d'Alain Caillé montrant combien il était historiquement inexact de « réduire tout ce qui est pensable et possible aux canons de la raison utilitaire ». Depuis, les recherches du MAUSS se sont multipliées et approfondies. Sur leur base, on peut aujourd'hui tenir pour définitivement établi que, contrairement à ce que continuent à soutenir les tenants de l'ultralibéralisme pour lesquels les rapports entre les individus ne seraient régis que par l'intérêt égoïste ou la contrainte publique, l'expérience du don dans nos sociétés modernes ou « post-modernes » ne se limite pas aux cadeaux de Noël ou à l'aumône. Le don s'observe au contraire partout : dans la famille, dans les organisations et les entreprises, dans le marché de l'art, etc. En réalité, toute société vit du don et a besoin de cette gratuité qui maintient la vie dans ses réseaux.

Ainsi, et c'est le troisième axe d'élargissement, l'économie de communion participe de fait, et sans que cela ait été explicitement pensé par ses initiateurs, à une tendance sociétale de fond, toujours plus fortement émergente : la mise en place, à côté de l'économie marchande, de deux secteurs structurés, d'une part d'économie non-marchande et d'autre part d'économie non-monétaire, qui tous ensemble s'articulent en une « économie plurielle » permettant de penser de façon unifiée les différentes formes contradictoires des échanges humains.

Quatrième et dernier constat

Dans un monde dominé par la « culture de l'avoir » et du « toujours plus », dans un mouvement planétaire de globalisation largement déterminé par la logique de l'économie marchande et par la « marchandisation » croissante des rapports humains (« tout a un prix, tout se paie »), la réussite durable du projet révolutionnaire de l'économie de communion passe par le développement massif de la culture du don. C'est l'enjeu de ce que le mouvement des Focolari appelle la « formation de l'homme nouveau ».

Sans renouvellement profond du rapport à l'avoir, des relations à l'argent, des relations aux autres, à l'Autre, sans cette conversion déjà évoquée et qui doit être permanente, car rien n'est acquis pour toujours, il est difficile d'imaginer des hommes et des femmes suffisamment détachés pour être capables d'investir de l'argent en renonçant, totalement ou en partie, aux dividendes. L'originalité de l'expérience de l'économie de communion est non seulement de former sur le tas les responsables d'entreprise qui s'y sont lancés, mais de structurer une démarche de formation au plus près des entreprises, notamment au sein de ces cités-pilote qui associent unités de production, centres de formation et lieux de vie en complexes intégrés, comme à Araceli au Brésil. Le but de ces cités n'est pas d'y édifier une société parallèle et fermée sur elle-même. Il est de promouvoir la culture du don au-delà du seul cercle familial et domestique, en permettant à chacun de vérifier au quotidien dans la vie sociale que «c'est en aimant, en donnant que l'homme se réalise» (Chiara Lubich) et que, pour reprendre la forte parole d'un économiste agnostique, «la puissance de l'amour peut être plus opérationnelle que l'amour de la puissance» (François Fourquet, CNRS, dans le cadre des travaux du Groupe de Vézelay sur l'avenir de la planète).

À ce titre, l'économie de communion, bien au-delà de ses visées économiques, paraît pleinement participer à l'émergence de la civilisation de l'amour, ardemment appelée par des voix toujours plus nombreuses, et dont il nous est annoncé qu'elle pourrait caractériser les sociétés de notre nouveau siècle.

Michel Krempper,
France, avril 2001

FACE À LA MONDIALISATION

Manuela Silva est professeur d'économie à l'Institut supérieur d'économie et de management de l'Université Technique de Lisbonne, au Portugal. Dans un exposé à la session internationale de formation des chefs d'entreprise de l'économie de communion en avril 2001, elle analyse certains aspects de la problématique économique actuelle. À partir de sa réflexion sur l'économie mondiale telle qu'elle se présente aujourd'hui, elle met en valeur la signification prophétique de ce qui est vécu dans les entreprises de l'économie de communion.

Dans un article récent, Serge Latouche posait la question suivante: «Que faire face à la mondialisation, face au triomphe planétaire du marché, à la mercantilisation du monde et des esprits?» Et lui-même répondait ceci: «Il faut commencer par porter sur les choses un regard différent, afin qu'elles puissent changer et que l'on puisse envisager des solutions véritablement originales et innovantes[12].»

Si nous voulons contribuer de façon positive à redonner à l'économie sa fonction principale, qui est d'être au service des besoins de l'homme, de manière équitable pour tous, nous devrons commencer par changer notre regard sur la réalité économique

(12) S. Latouche, «Les Stratégies alternatives des exclus face à la mondialisation. Les SEL (Systèmes d'Échanges Locaux) et l'informel», in *L'Homme et la société*, avril-septembre 2000.

mondialisée, et nous émanciper de la pensée dominante, actuellement unique, représentée par le modèle du capitalisme libéral qui préside aujourd'hui à cette mondialisation.

Malgré la fermeté d'une telle conviction, que je crois partagée par vous ici présents à ce congrès, nous ne pouvons nous empêcher de formuler nos doutes et nos perplexités quant à la possibilité de mise en œuvre de ce principe dans le cadre de l'économie d'aujourd'hui, telle que nous la connaissons, et cela, entre autres, pour les raisons suivantes :

– Étant donné le phénomène incontournable d'une mondialisation galopante et de ses exigences de compétitivité à tout prix, restera-t-il des marges de manœuvre raisonnables pour la liberté d'action de l'homme?

– D'un autre côté, compte tenu des conséquences manifestement négatives de cette mondialisation sur les conditions de vie d'une grande partie de l'humanité et, notamment, sur les possibilités de survie de millions de personnes, pourrons-nous défendre la thèse que l'être humain constitue l'unique critère de légitimité de l'activité économique?

– Bien plus, dans un contexte de référence toujours plus déterminé par les lois du marché, où la règle d'or est la compétitivité, y aura-t-il place pour un comportement éthique, ou bien celui-ci est-il un pur mirage de certains esprits idéalistes?

Les effets de la mondialisation

Mon point de départ ne peut être que de constater une réalité économique qui, en résumé, se présente avec les caractéristiques suivantes :

– La mondialisation des économies représente, pour certains, un horizon porteur de grands espoirs, et pour d'autres, un motif de terreur et de réelle panique, à cause de ses conséquences. Indépendamment de nos jugements de valeur, les économies se trouvent aujourd'hui de fait fortement imbriquées au niveau mondial, de sorte que leurs intérêts se définissent dans un cadre qui dépasse les frontières nationales.

– Cette mondialisation de l'économie va de pair avec des transformations technologiques profondes, ayant des répercussions dramatiques sur les structures économiques des nations et sur leurs processus de production. En quelques décennies, on est passé d'une économie industrielle à une économie fondée sur l'information et sur les services, avec tout son cortège de conséquences notamment en termes de chômage, de niveau et de qualification de l'emploi, d'implantation territoriale du tissu économique, de mobilité des produits, des travailleurs et du capital.

– Il faut également souligner l'hégémonie croissante exercée par le capital et la finance par rapport à la base physique de l'économie, ce qui entraîne des effets multiples. En particulier, on doit reconnaître que l'on assiste à la naissance d'un actionnariat populaire en expansion, qui entretient l'illusion d'une participation élargie au capital. En même temps, nous nous trouvons soumis à l'empire d'une mondialisation financière, caractérisée par d'énormes flux de capitaux, à travers les transactions boursières et les opérations menées au sein des entreprises multinationales. Celles-ci peuvent en effet créer des filiales dans n'importe quel pays, en utilisant des stratégies qui combinent coûts, prix, impôts, aides financières, etc.

– Actuellement, plus de 40 % du commerce mondial s'effectue à l'intérieur des entreprises multinationales et selon des logiques qui ne répondent qu'à leurs propres intérêts.

– Il est important de noter encore un autre phénomène : d'une part, l'intégration du pouvoir économique avec les moyens d'information, à différents niveaux, notamment à travers les médias qui sont la propriété des grands groupes financiers ; d'autre part, l'articulation du pouvoir économique avec le pouvoir politique, ce qui a pour effet de confiner l'action des gouvernements nationaux à des limites de plus en plus restreintes.

– Enfin, je crois indispensable de relever la prodigieuse rapidité avec laquelle se produisent toutes ces transformations en cours et leurs effets contradictoires. Des effets généralement positifs pour les plus puissants, et terriblement négatifs pour les groupes sociaux les plus défavorisés des pays développés, et pour des populations entières dans les pays périphériques où persistent des problèmes non résolus de développement de base.

Ces observations me semblaient nécessaires pour préciser ce qu'on entend par mondialisation de l'économie.

On doit, d'une part, reconnaître les immenses potentialités créées par la mondialisation, comme le montrent l'abondance et la diversité des biens aujourd'hui disponibles et les progrès remarquables réalisés en matière de productivité, dans tous les secteurs d'activité. D'autre part, on ne peut ignorer que la marche du progrès de l'humanité dans son ensemble est beaucoup plus lente et sujette à des difficultés accrues, dues précisément à la mondialisation et difficilement surmontables. Actuellement, des millions d'hommes et de femmes n'ont pas encore vu satisfaites leurs nécessités les plus élémentaires en termes d'alimentation, d'eau potable, de soins médicaux, etc. À l'ère de l'Internet, des millions de personnes ignorent encore ce que c'est que de composer un numéro de téléphone...

Vers des perspectives nouvelles

La décennie écoulée a vu s'opérer un ensemble d'options dont les résultats ont été favorables aux propriétaires du capital. Cependant, des indices montrent que la situation est en train de changer. D'un côté, les conséquences accumulées au niveau des déséquilibres écologiques et des coûts sociaux sont d'une telle ampleur qu'elles commencent à réveiller la conscience collective et à sortir l'opinion publique de son indifférence. D'un autre côté, l'aggravation des tensions sociales et des conflits a mis en évidence le risque de voir surgir de sérieuses menaces qui pourraient mettre en péril la démocratie elle-même et les valeurs qu'elle porte.

Enfin, les intérêts du capital eux-mêmes ont déjà connu, ces dernières années, des crises suffisamment graves – crises réelles et surtout crises potentielles – qui ont mis à nu des fragilités insoupçonnées du système.

Dans cette réflexion sur le processus de mondialisation de l'économie, nous ne pouvons passer sous silence certains de ses traits les plus positifs.

La société civile prend peu à peu conscience de cette situation intolérable et s'organise de manière à exercer un contre-pouvoir économique et financier afin de sauvegarder ce qui constitue à ses yeux son patrimoine culturel inviolable. L'événement de Porto Alegre et son forum mondial ont provoqué un mouvement mondial, qui ne cesse de se propager à travers différentes actions qui suscitent une prise de conscience, un peu partout.

Au niveau micro-économique, des changements sont à signaler et sont de bon augure. En effet, c'est au niveau des entreprises que l'activité économique se concrétise, et les innovations introduites à ce niveau n'ont pas manqué de se répercuter sur un plan global. Dans certains cas, le concept même de l'entreprise est discutéet l'on tente d'ébaucher un nouveau projet d'entreprise ouvert à une représentation plus juste des multiples intérêts en jeu, qui ne se limitent plus aux seuls intérêts immédiats du capital. On recherche une rationalité économique pouvant concilier tous les intérêts en présence dans l'entreprise et leur donner une juste place, tant au plan des décisions stratégiques qu'au plan de la gestion courante. On ne parle plus seulement d'actionnaires (*shareholders*) mais de partenaires (*stakeholders*). Dans l'ensemble des *stakeholders*, on inclut désormais les travailleurs de l'entreprise, les fournisseurs, les clients, la communauté locale, l'économie régionale et nationale, la société comme un tout, et même les générations futures, à travers la recherche de l'équilibre écologique.

D'autre part, les entreprises ont déjà compris que, dans leur intérêt, elles devaient adopter leurs propres codes de conduite éthique et les faire connaître auprès du public; elles ont compris aussi que ces codes d'éthique devaient être suffisamment complets et exigeants pour satisfaire une opinion publique toujours plus sensible et préoccupée par l'intégration dans les bilans des entreprises des coûts sociaux et environnementaux, y compris ceux encourus au-delà des frontières.

Pour toutes ces raisons, je crois que l'on peut soutenir la thèse suivante: depuis une dizaine d'années, on assiste à une revalorisation de l'éthique avec des incidences précises tant au niveau de l'entreprise qu'au niveau de la régulation de l'économie mondiale. La recherche universitaire elle-même le révèle, à travers les titres des thèses ou d'autres travaux académiques publiés récemment.

Sommes-nous devant de simples opérations de façade, ou s'agit-il, au contraire, des premiers signes d'un changement de paradigme? Et, si tel est le cas, dans quelle direction s'achemine-t-on?

En d'autres termes, n'est-ce pas le principe fondamental de rationalité économique qui est à revoir en profondeur?

La rationalité de l'activité économique qui prévaut dans le monde d'aujourd'hui, dans une économie fondée sur le capital financier mondialisé, présente deux caractéristiques essentielles:

– l'instrumentalisme, c'est-à-dire la primauté d'une logique de choix portant sur les instruments jugés les plus efficaces pour atteindre les objectifs visés, mais aveugle à l'égard de la définition de ces objectifs;

– l'individualisme, qui repose sur le postulat selon lequel les individus n'ont aucun lien les uns avec les autres, et ne peuvent avoir d'autres sentiments que le désir du plus grand profit personnel possible.

Dans cet environnement de changements nécessaires et urgents, où l'on perçoit, même faiblement, les premiers indices d'un changement de paradigme, quelle sera la place des entreprises de l'économie de communion?

Signification des entreprises de l'économie de communion

À mon avis, ces entreprises assument un caractère prophétique qui tient à leur engagement radical à appliquer l'Évangile dans le domaine économique. Car c'est un domaine de la vie humaine que les chrétiens d'aujourd'hui ont tendance à soustraire aux exigences de cohérence avec leur foi en Jésus Christ, contrairement à ce que l'enseignement social de l'Église leur rappelle sans cesse.

Les entreprises de l'économie de communion présentent une triple dimension : la reconnaissance de la dignité de la personne humaine (travailleurs, clients, fournisseurs, concurrents) ; la répartition équitable des fruits de la production et, enfin, la solidarité active avec les plus démunis. Elles répondent ainsi aux critères de l'Évangile à la fois au plan de la vie personnelle et au plan communautaire. La nouveauté consiste à poser ce défi qu'il est possible, urgent et nécessaire de transposer ce mode de vie sur le plan économique, en commençant par l'entreprise, dans sa conception et son mode de fonctionnement.

La première question qui se pose est de savoir si cela est faisable. L'expérience acquise jusqu'ici montre qu'un tel projet non seulement est réalisable, mais se traduit, dans certains cas, par des gains en termes d'efficacité. Il n'est pas superflu de souligner et de faire connaître cet aspect, qui a son importance.

La seconde question concerne les conditions dont dépend la réalisation d'un tel projet. À mon avis, elles sont de deux types. La première condition est la nature de l'entreprise (secteur d'activité auquel elle appartient, son exposition plus ou moins importante à la concurrence, sa dimension, son développement extérieur, etc.). La deuxième est le degré de profondeur et d'extension de la spiritualité et de la culture qui la sous-tend. Cette culture est centrée sur l'être et non sur l'avoir, ouverte à la communion et donc opposée à l'individualisme, et suppose un engagement solidaire des dirigeants et d'un nombre significatif de travailleurs avec les plus démunis. À cet égard, on ne saurait trop souligner la nécessité d'avoir clairement présent à l'esprit que cette culture – la culture du don, telle qu'elle est proposée et vécue au sein du mouvement des Focolari – est, en vérité, une contre-culture face à la culture dominante. Or, sans un vaste effort de prise de conscience et de formation de toutes les personnes engagées dans l'économie de communion, on ne peut espérer voir s'opérer l'indispensable conversion du regard, le changement de mentalité et de comportement qu'elle exige, en particulier pour ce qui concerne les entreprises déjà existantes. Ainsi se justifie amplement l'intense travail de formation des personnes qui composent l'entreprise et de celles qui y collaborent, en particulier au niveau du contrôle des résultats et de la vie même de l'entreprise.

À ce propos, il me paraît très important de développer la recherche sur la définition d'indicateurs appropriés pour l'évaluation de l'économie de communion; on évitera ainsi le risque de procéder à des évaluations fondées sur des critères inadéquats par rapport aux objectifs visés.

La portée possible de cette expérience

La dernière question que je souhaiterais poser est la suivante: le modèle des entreprises de l'économie de communion, tel que nous le voyons appliqué au sein du mouvement des Focolari, pourra-t-il exercer une influence sur le monde extérieur, et dans quelle mesure?

Je l'ai déjà dit en d'autres occasions: ce ne serait pas la première fois dans l'histoire que des communautés religieuses, fidèles à leur charisme, seraient à l'origine de changements profonds dans la vie économique et culturelle des sociétés où elles sont insérées. Que l'on pense, par exemple, à l'influence de l'ordre de Cîteaux dans l'Europe médiévale et à sa contribution originale du point de vue de l'organisation de l'économie rurale d'alors.

Dans la mesure où elles acquerront consistance et visibilité, ces entreprises seront en elles-mêmes, par le seul fait qu'elles existent, un signe prophétique de l'annonce de la Bonne Nouvelle de Jésus Christ et, en particulier, un témoignage crédible de son commandement : « Comme je vous ai aimés, aimez-vous les uns les autres » (Jn 13,34). Ce commandement n'admet aucune restriction, touche tous les domaines de l'existence, y compris le domaine économique. L'affirmer dans la pratique constitue le défi à relever pour l'évangélisation de notre temps. Il est nécessaire de le rappeler aux chrétiens eux-mêmes, soumis à de très fortes influences diamétralement opposées à cette loi fondamentale de la vie selon l'Évangile, en particulier dans le domaine de l'économie.

Je crois, cependant, que la portée prophétique des entreprises de l'économie de communion va au-delà des chrétiens. En effet, toute l'entreprise est, par définition, un faisceau de relations qui devront s'imprégner, dans toutes leurs dimensions, de cet esprit de communion. La nouveauté des entreprises de l'économie de communion sera perçue par leurs différents partenaires et incitera certainement d'autres entreprises à des pratiques saines. D'autre part, les entreprises de l'économie de communion ne sont pas seules dans cet effort d'humanisation de l'économie; il sera donc souhaitable qu'elles cherchent à établir des liens et à développer des partenariats avec d'autres modèles d'entreprise offrant des perspectives communes sous un aspect ou un autre (relations humaines dans le travail, engagement éthique explicite, protection de l'environnement, insertion sociale, microcrédit, etc.). Renforcer les liens entre ces différents types d'entreprise contribue à créer un tissu d'entreprises moins vulnérables à la dictature du marché et de la mondialisation. En participant, avec la culture qui leur est propre, à cet effort commun, les entreprises de l'économie de communion exprimeront explicitement les principes qui sous-tendent leur action et seront ainsi une présence du

Christ dans ce milieu. « À ceci on reconnaîtra que vous êtes mes disciples, à l'amour que vous aurez les uns pour les autres » (Jn 13,35).

Le monde du XXIe siècle, fatigué des idées et des discours, a soif d'expérimenter une nouvelle manière de vivre la communion et l'unité à laquelle tous, hommes et femmes, au fond d'eux-mêmes aspirent. Les entreprises de l'économie de communion pourront constituer des « laboratoires » de la vie de communion. Et si elles le sont véritablement, elles ne manqueront pas de susciter chez nos contemporains la même admiration que le témoignage cohérent des premières communautés chrétiennes a suscitée chez les hommes et les femmes de leur époque, qui s'exclamaient : « Voyez comme ils s'aiment ! » C'est la voie véritable d'une nouvelle évangélisation.

Manuela SILVA,
Université Technique de Lisbonne,
avril 2001

Chapitre X

APPROFONDISSEMENTS

DANS L'HISTOIRE DE LA PENSÉE ÉCONOMIQUE

Luigino Bruni, enseignant-chercheur en économie politique et micro-économie à l'Université d'État de Milan, enseigne également l'histoire de la pensée économique à l'Université Bocconi. Il participe, au sein du mouvement des Focolari, au groupe qui étudie l'apport du charisme de l'unité aux différentes disciplines scientifiques (école Abba). Ce texte reprend les principaux éléments d'une présentation faite en avril 2001 lors d'une rencontre de formation des chefs d'entreprise de l'économie de communion.

Cette brève réflexion aborde la question suivante : quelle est la signification et la place de l'économie de communion dans l'histoire de la pensée économique?

Comme l'ont rappelé le professeur Manuela Silva et d'autres experts, l'économie de communion se situe dans la ligne d'importantes expériences de solidarité en économie, depuis les « reducciones » des jésuites en Amérique du sud jusqu'aux Monts-de-Piété des villes européennes à la fin du Moyen-Âge, ou de certaines expériences économiques, nées, notamment, dans les Églises de la Réforme (les Quakers) et, surtout, dans la ligne du grand mouvement coopératif. Ce dernier constitue encore de nos jours un phénomène important dans certains pays où le concept de base de mutualité (réciprocité) est proche de la « communion », sans toutefois se confondre avec elle. On doit aussi rapprocher l'économie de communion d'un autre secteur important, celui du « non lucratif », ou « tiers secteur » qui, en Europe emploie des millions de personnes (entre 3 et 7 % des emplois).

Au plan de la pensée économique, on observe que l'économie de communion ramène l'attention sur des concepts, présents dans la tradition classique de la pensée économique, et tombés dans l'oubli : une conception positive du marché, et la notion de recherche du bonheur.

Une conception positive du marché

Nombre d'économistes de la tradition classique voyaient le marché comme un lieu où s'exerce une « assistance réciproque », où s'exprime dans une relation d'égalité la nature sociale, conviviale, de l'homme. Le marché apparaissait donc comme un moment de qualité dans la vie sociale, un lieu qui ne détruit pas, mais construit des rapports positifs de réciprocité.

La vision du marché et de l'entreprise qui ressort de l'économie de communion est substantiellement positive, sans pour autant être aveugle sur les dégâts que le marché peut causer. L'intuition qui est à l'origine du projet naît pourtant du constat de l'échec du marché à résoudre l'extrême pauvreté. Chiara Lubich, en lançant l'économie de communion, n'a pas proposé la création d'ONG ou d'œuvres de bienfaisance, initiatives louables et très importantes. Mais le fait est que Chiara Lubich a proposé de créer des entreprises. Elle a pensé l'économie de communion pour des entreprises et, au cours des années, elle a rappelé à différentes reprises que le mot-clef était « entreprise ».

L'économie de communion s'éloigne d'une vision très répandue, celle d'un marché où règne l'efficience, qui ignore la redistribution et la réciprocité et qui considère avec méfiance le don et la solidarité comme des synonymes d'inefficacité et de perte. À cette vision s'oppose le monde du don et de la redistribution de la richesse (traditionnellement l'État et les organisations à but non lucratif), qui, lui, regarde avec méfiance le marché et l'efficacité comme des éléments dangereux pouvant réduire ou contaminer la pureté des valeurs éthiques.

Dans l'économie de communion, les entreprises, intégrées dans le marché, laissent, dans leur fonctionnement interne, une large place au don. La communion touche le cœur même de leur vie et exige beaucoup plus que la simple mise en commun des bénéfices. D'une part, le bénéfice n'est qu'un des aspects de la richesse produite par l'entreprise. D'autre part, la communion au plan des bénéfices n'est que l'ultime expression d'une vie de communion qui touche la vie de l'entreprise dans tous ses aspects.

La notion économique de recherche du bonheur

L'économie de communion remet en évidence un concept fondamental de la science économique classique, notamment italienne et française : celle de bonheur public. Le qualificatif « public » souligne la nature sociale du bonheur et en fait un concept à part entière, différent de la richesse : on peut être riche seul, mais on ne peut être heureux que grâce aux autres.

Bien sûr l'économie de communion n'est pas la seule expérience qui remette ces concepts au centre de la réflexion : il suffit de penser aux nombreuses théories d'économie sociale ou d'économie solidaire d'hier et d'aujourd'hui.

De même que l'économie de communion remet en valeur des notions oubliées de la science économique, elle fait de surcroît émerger des concepts nouveaux liés à la spiritualité de l'unité : l'amour, la gratuité, la réciprocité, la communion, et la providence.

a) L'amour au centre de la vie économique

Certains auteurs, certes peu nombreux, ont reconnu à l'amour un certain rôle jusque dans l'activité économique. La plupart des économistes ne lui reconnaissent aucun rôle, car ils considèrent l'amour comme un bien « rare » qui ne doit pas être « gaspillé » dans le marché mais préservé pour être utilisé dans des domaines plus essentiels, tels que la vie familiale et affective (je pense en particulier à la théorie de l'économiste du XXe siècle D. Robertson ou à Wickstee, à la fin du XIXe et au début du XXe siècle). Dans la pratique et dans la théorie de l'économie de communion, l'amour, – la « culture de l'amour », pour reprendre l'expression utilisée récemment par Chiara Lubich – occupe une place centrale autour de laquelle s'articule tout le reste, y compris le marché! La culture de l'amour est envisagée comme une pratique normale au sein de l'entreprise : de nombreuses expériences d'entreprises adhérant au projet mettent en lumière la gratuité qui a guidé des choix importants au niveau de l'orientation même de ces entreprises.

b) Gratuité et réciprocité

Chez certains auteurs (Mill, et quelques sociologues français contemporains tels que A. Caillé), on trouve l'intuition que, pour réaliser des objectifs élevés tels que le bonheur, il est nécessaire d'abandonner la seule logique du « calcul », de la rationalité instrumentale, et d'intégrer dans la logique de l'action des éléments de gratuité. Il y a cette conviction que la réciprocité est essentielle, et que, cependant, si on l'exige comme un dû, elle ne peut se réaliser. Les relations authentiques sont en effet de nature paradoxale : le bonheur ne peut exister sans un acte, gratuit et désintéressé, d'ouverture à l'autre. L'homme, pour être heureux, a besoin de réciprocité et, cependant, il ne peut exiger cette réciprocité.

Le charisme de l'unité, qui est une spiritualité de communion, est une intuition sur la nature « rationnelle » de ce qui sous-tend les rapports interpersonnels, à savoir le paradoxe de l'amour : « L'amour, à la fois, est et n'est pas ; mais quand il n'est pas, c'est par amour. En effet, si par amour je me prive de quelque chose pour le donner (ma privation est un non-être), j'ai l'amour (l'être) » (Chiara Lubich).

On aura peut-être de la peine à voir là une réflexion économique. Pourtant certains chercheurs intéressés par l'économie de communion ont commencé à démontrer que d'importants thèmes économiques portant notamment sur la confiance, le concept de biens et de transaction économique, le capital relationnel, le bonheur, peuvent être profondément repensés si l'on prend au sérieux cette nature paradoxale de l'amour.

c) La communion

La logique de l'amour pratiquée par deux ou plusieurs personnes, quand elle devient réciproque, engendre ce que l'on appelle la « communion ». Celle-ci apparaît comme le concept de synthèse des aspects nouveaux présents dans l'économie de communion.

d) La providence

Enfin, j'oserai évoquer la providence comme un autre de ces concepts indiqués par Chiara Lubich comme des éléments fondamentaux dans l'économie de communion et absolument inédits dans la pratique et, surtout, dans la réflexion économique. Cette notion de providence, plus encore que l'amour ou la communion, est étrangère à la tradition économique moderne. Cela ne doit pas nous empêcher d'oser nous y risquer. En effet, comme le dit l'économiste Krugman, seul celui qui ose prendre des risques sait formuler de nouvelles théories et s'aventurer sur des terres vierges.

Pour conclure, on peut dire que l'économie de communion est une proposition économique à plusieurs dimensions qui nous invite à mettre en œuvre toutes les composantes de notre vie, relationnelle, affective et même religieuse, qui, loin d'être étrangères à la pratique des affaires, permettent de surmonter les difficultés économiques, de regarder l'avenir avec confiance, et d'être signe d'espérance.

Luigino Bruni,
Université de Milan, avril 2001

CULTURE DU DON

Dans un chapitre précédent, Vera Araújo a répondu à des questions sur les finalités de l'économie de communion. Sa jeunesse au Brésil lui a fait approcher les grands déséquilibres sociaux de ce pays. C'est comme sociologue et membre de l'école Abba que, à l'occasion de la remise du doctorat en économie à Chiara Lubich par l'Université de Plaisance en janvier 1999, elle analyse quels hommes et quelle société peuvent réaliser une économie de communion.

Au cours de la décennie qui a précédé le troisième millénaire, le thème du « développement » a été particulièrement mis en évidence dans le cadre de la croissance de l'économie mondiale et de la mondialisation. Un certain nombre de conférences internationales en ont souligné l'intérêt et confirmé que cette préoccupation se généralisait : « Environnement et Développement » à Rio de Janeiro, « Population et Développement » au Caire, « Les Femmes et le Développement » à Pékin, « Le Développement Social » à Copenhague. De ces divers sommets émerge une conviction unanime : le développement est au cœur de la vie économique car il est sa finalité. Il est l'objectif de toute activité économique.

Parallèlement, au niveau théorique, des économistes renommés aux USA, comme Amartya Sen, prix Nobel 1998, ont élaboré une nouvelle approche du développement : le développement humain. Celui-ci va au-delà du concept de développement lié uniquement à la croissance économique car il se focalise sur les personnes, sur leurs besoins, et sur certains paramètres fondamentaux des conditions de vie comme la santé, la longévité, le degré d'instruction, la participation à la vie sociale [13].

C'est le développement humain qui doit être le but de toutes les décisions en matière de politique économique. Cette notion apparaît désormais dans les rapports officiels [14], et même un peu partout, comme la possibilité d'exercer trois fonctions essentielles: vivre longtemps et en bonne santé, s'instruire, accéder à un niveau de vie décent [15].

Malheureusement ces nouvelles orientations théoriques et techniques se heurtent aux politiques économiques menées par les institutions et les organismes économiques mondiaux, dont les finalités et les objectifs semblent aller dans une tout autre direction. En effet, en affirmant la suprématie de l'agent économique, ils incitent surtout à mener des politiques de consommation effrénée, véritable désastre pour les communautés humaines, l'environnement et l'écosystème.

Face à ces considérations et à ces réflexions, nous sommes convaincus qu'il faudrait établir un diagnostic et une thérapie plus approfondis pour affronter le problème de manière efficace. Il est nécessaire de comprendre comment le concept de développement humain naît d'une nouvelle conception de l'homme, un «homme nouveau», capable d'ajouter à ses attributs modernes de

---

(13) À ces indicateurs, d'autres variables peuvent être ajoutées comme: les conditions sociales, politiques et économiques permettant à chacun d'engager sa créativité et son esprit d'initiative; le sentiment d'appartenance à une communauté, etc.

(14) Cf. PNUD, *Rapports sur le développement humain*.

(15) «Au concept traditionnel de bien-être (*welfare*), A. Sen substitue celui d'être-bien (*well-being*), dont le niveau dépend du bon fonctionnement des structures…» (R. Targenti Lenti, «Dallo sviluppo economico allo sviluppo umano», in *Aggiornamenti sociali* 11, 1997, p. 783).

producteur et consommateur de biens « quelque chose de plus » qui l'incite à s'ouvrir à l'altérité, tout en le libérant de sa fermeture et de son égoïsme. Ce type d'homme, que nous pourrions appeler « homo donator », est capable dans ses activités, et en particulier ses activités économiques, de donner, de partager. C'est ainsi qu'il sera possible de jeter les bases d'une nouvelle culture, exprimant une vision de l'homme et de la société qui réponde aux attentes, aux désirs et aux nécessités de notre époque.

Nous pouvons appeler cette culture la culture du don. Mais, il ne s'agit pas de faire l'aumône ou d'être généreux et philanthrope, et encore moins de prôner l'assistance. Il s'agit plutôt de connaître et de réaliser le don de soi, essentiel à l'être et à l'existence de toute personne.

La culture du don considère la personne dans son essence (c'est-à-dire l'homme en tant que centre et finalité de toute réalité et de toute activité) et tient compte des relations et des comportements humains [16].

Dans la culture du don, l'homme est un être ouvert à la communion et au rapport avec l'Absolu-Dieu, les autres et la création. Son individualité et sa socialité se rejoignent : d'une part, lorsqu'il fait don de soi, et d'autre part lorsqu'il fait circuler ses biens spirituels et matériels, nécessaires au développement et à la croissance de tous.

---

(16) « L'être est amour, relation. Se donner c'est être, et si cela est bien compris, être signifie se perdre soi-même dans l'autre pour renaître, pour "être". La dynamique intérieure de l'amour est la stabilité et la permanence de l'être. Dynamique et statique ne s'excluent plus l'une l'autre et ne sont même plus liées l'une à l'autre seulement par une médiation dialectique, mais sont l'expression unique et multiple à la fois des réalités que désignent les mots : "Dieu", "être", "homme" » (d'après K. HEMMERLE, *Partire dall'unità*, Città Nuova, Rome 1998, pp. 45-46; titre original : *Leben aus der Einheit*, Herder Verlag, Freiburg im Breisgau 1995).

Cependant, n'importe quel «don» n'entraîne pas une «culture» du don.

En effet, il y a le «don» pollué par la volonté de puissance. C'est un acte chargé du désir de dominer et parfois même d'opprimer les individus et les peuples. C'est un «don» seulement en apparence.

Il y a le «don» qui cherche la satisfaction et la complaisance dans l'acte même de donner. C'est un don vaniteux, expression égoïste de soi et culte de sa propre personnalité. Dans ce cas, celui qui reçoit en ressent humiliation et offense.

Il y a également le «don» utile, intéressé, qui attend un retour et cherche un profit. C'est en quelque sorte le «don» du système économique en vigueur et du mode de pensée qui en est à la base. Ce don-là ne crée pas une nouvelle culture.

Il y a enfin le «don» que les chrétiens appellent *évangélique*[17] et qui comporte un ensemble de valeurs caractéristiques: la gratuité[18], la joie[19], [...], l'abondance[20], le désintéressement, qui évitent qu'il ne soit mal interprété ou instrumentalisé.

---

(17) Chiara Lubich pose cette question: «Mais qu'est-ce donc que la culture du don? C'est la culture de l'Évangile, c'est l'Évangile, car c'est dans l'Évangile que nous avons compris ce que signifie donner. "Donnez, est-il écrit, et il vous sera donné une mesure pleine, tassée et débordante." C'est ce que nous expérimentons quotidiennement...» (D'après Chiara Lubich, «Date e vi sarà dato», in revue *Economia di comunione*, 6, 1997, p. 3).

(18) «Vous avez reçu gratuitement, donnez gratuitement» (Mt 10,8).

(19) «Il y a plus de bonheur à donner qu'à recevoir» (Ac 20,35). «Que chacun donne selon ce qu'il a décidé dans son cœur, non d'une manière chagrine ou contraint; car Dieu aime celui qui donne avec joie» (2 Co 9,7).

(20) «Dieu d'ailleurs est assez puissant pour vous combler de toutes sortes de libéralités afin que, possédant toujours et en toute chose tout ce qu'il vous faut, il vous reste du superflu pour toute bonne œuvre, selon qu'il est écrit : "Il a fait des largesses, il a donné aux pauvres; sa justice demeure à jamais" (2 Co 9,8-9).»

La culture du don se concrétise dans un authentique « art du don », où la relation à l'autre, vécue dans une constante donation, et l'acte même de donner et de partager des biens spirituels et matériels, sont une voie vers la communion, synonyme d'unité[21]. Lorsque la réciprocité s'établit, la communion et l'unité deviennent effectives. La société qui en découle est structurée sur le mode de la communion, et celle-ci est l'essence même de la société et de la personne.

Il est clair que ce type de société contraste avec la société actuelle marquée par l'individualisme, l'égoïsme et la recherche exacerbée de l'intérêt personnel.

Nous ne refusons ni ne méprisons le fait de posséder, mais, comme le dit Jean-Paul II : « Le fait de posséder des biens et des richesses ne rend pas l'homme plus parfait, s'il ne contribue pas lui-même à faire mûrir et à enrichir son "être", c'est-à-dire à réaliser sa vocation d'homme. » Il dit encore : « Le mal ne consiste pas dans le fait de "posséder", mais dans le fait de posséder sans respecter la qualité et la hiérarchie des biens » (*Sollicitudo rei socialis* 28).

L'individualisme a créé une société de consommation qui fait entrer tous les aspects de l'existence dans la sphère marchande. Voici donc la société actuelle : complexe, conflictuelle, aliénée, incapable de créer des rapports profonds et de tisser des relations durables, chacun restant renfermé dans sa solitude. Les conséquences sont bien connues.

---

(21) « Avoir des liens réciproques ne signifie pas seulement pour nous avoir de la courtoisie l'un envers l'autre, mais mettre tout en commun ; cela signifie fondamentalement : vivre une seule et même vie » (d'après K. Hemmerle, *op. cit.*, pp. 39-40).

Du point de vue anthropologique c'est « l'homo consumens[22] » qui domine, acteur de la société de l'avoir, avide de consommer, incapable d'avoir une véritable conscience de soi et une éthique.

La communion est une réalité polyvalente. En tout premier lieu, elle est religieuse et spirituelle parce qu'elle a son origine en Dieu-Trinité, communion d'amour entre personnes, et dans le Christ qui révèle ce mystère[23].

Chiara Lubich écrit : « J'ai compris que j'ai été créée comme un don pour ceux qui sont à côté de moi et que ceux qui sont proches de moi ont été créés par Dieu comme un don pour moi, comme dans la Trinité, où le Père se donne totalement à son Fils et son Fils se donne totalement à Lui[24]. »

La communion trinitaire est donc le fondement, la substance et la vie de toute forme de communion. Mais la communion est aussi, en tant que catégorie sociologique, la « manifestation de la socialité réelle », comme le dit Georges Gurvitch, sociologue russe. Il analyse la catégorie de la « communion » selon les degrés d'intensité de la socialité, en fonction de la fusion partielle du Nous[25] : dans la « communion », « le lien réciproque entre les divers Je, les Autres et Nous est à son point culminant » ; de plus, « les participants à une Communion se sentent comme emportés par un souffle libérateur qui supprime tous les obs-

(22) Cf. P. Arrupe, *Promouvoir la justice*, coll. « Foi vivante » 289, Cerf, Paris 1992.

(23) Cf. *Sollicitudo Rei Socialis* n° 40.

(24) D'après C. Lubich, texte du 2 septembre 1949, cité in J. Povilus, *Gesù in mezzo nel pensiero di Chiara Lubich*, Città Nuova, Rome 1981, p. 75 ; cité in C. Lubich/P. Coda/G. Zanghí/F. Ciardi/G. Rossé/V. Araújo, *Voyage Trinitaire,* Nouvelle Cité 1996, p. 120.

(25) Cf. G. Gurvitch, *La Vocation actuelle de la sociologie*, 2 volumes, PUF 1968 et 1969.

tacles, et les affranchit d'eux-mêmes et de tout lien social qui serait un empêchement. »

Certes, le concept de communion selon Gurvitch n'est pas le concept chrétien[26] qui est à la base de l'économie de communion, et les rapports de communion qu'il préconise entre les divers « je » et « les autres » ne sont pas trinitaires. Toutefois, son approche est intéressante et stimulante.

Une société de communion, qui prendrait pour modèle la Trinité, n'est pas une aspiration et encore moins une abstraction. Elle est la conséquence logique de la redécouverte de la Trinité en tant que principe et source d'une société nouvelle. En tant que principe, la communion, qui est unité, est considérée comme une nouvelle clé de lecture, de compréhension et d'interprétation de la réalité sociale, afin d'élaborer une théorie capable d'appréhender les nouveaux rapports sociaux. En tant que source d'une nouvelle société, cela signifie que l'on utilise ce paradigme – la communion – pour évaluer les relations interpersonnelles, sociales, systémiques, structurelles et institutionnelles.

Avec l'économie de communion, la communion peut être élevée au rang de *catégorie économique*. Ce sont les entreprises, grâce à leurs structures et à leurs organisations internes, ainsi que les acteurs économiques qui travaillent en leur sein ou gravitent autour d'elles, qui sont appelés et invités à créer la communion. Dès lors, la communion ne se réalise pas seulement au niveau des relations interpersonnelles ou sociales, mais elle entre avec force et, oserais-je dire, de droit dans la réalité économique et dans ses structures.

(26) Le concile Vatican II met en évidence l'analogie entre les rapports humains et le rapport trinitaire : « ...Le Seigneur Jésus, lorsqu'il prie le Père, "comme toi, Père, tu es en moi et moi en toi,... qu'ils soient un comme nous sommes un" (Jn 17,21-22) » (*GS* 24).

Il ne s'agit pas d'une utopie ou d'un rêve idyllique mais d'un fait réalisable, qui part du constat de la nécessité urgente d'un profond changement de l'économie en tant qu'expression fondamentale de l'homme. La recherche d'une société de plus en plus « citoyenne », participative, harmonieuse, bref, capable de créer les conditions du bonheur et du bien-être des individus, des communautés et des peuples, exige le dépassement de l'économie actuelle, conflictuelle, compétitive à outrance, agressive, aliénante…

De plus en plus de voix s'élèvent pour demander plus de solidarité, plus d'intégration et d'interaction, plus de dialogue, plus de prise en compte des divers points de vue. Ceci atteste l'actualité de l'économie de communion, à la pointe d'une économie alternative.

En conclusion, on peut dire de l'économie de communion que, d'une part, elle requiert des « hommes nouveaux » sachant pratiquer la culture du don, ainsi qu'une société nouvelle basée sur la solidarité et le partage; et que d'autre part, elle est elle-même capable, en tant que structure économique, de diffuser la « communion ». L'économie de communion marque pour la société un saut de qualité qui la pousse à devenir meilleure, plus humaine et humanisante, sachant accueillir avec dignité la vie des hommes et des femmes de son époque.

Vera Araújo,
Institut Culturel International de Loppiano,
Florence, Italie, 1999

QUATRE ASPECTS IMPORTANTS

Le 5 avril 2001, Chiara Lubich s'adresse aux chefs d'entreprise engagés dans l'économie de communion, réunis pour leur rencontre internationale. Dix années après le lancement du projet, elle tient à souligner quelques orientations fondamentales pour que celui-ci se développe dans la fidélité à l'inspiration d'origine. En voici les principaux extraits.

Je désire vous proposer quelques réflexions sur l'aspect spirituel qui sous-tend l'économie de communion depuis sa naissance à São Paulo au Brésil. Cette dimension l'a animée, l'anime, la soutient et ne devra jamais cesser de la soutenir car elle est garante de son authenticité.

La raison qui me pousse à le faire n'est certes pas négligeable. En effet, l'économie de communion ne peut pas être le fruit d'idées ou de projets seulement humains, fussent-ils le produit des plus grands cerveaux. Elle est une expression du mouvement des Focolari qui est œuvre de Dieu. Or Dieu, le Très-Haut, aime à s'appuyer sur la collaboration des hommes et des femmes de ce monde.

Si donc l'économie de communion s'inscrit dans une œuvre de Dieu, elle est elle-même une œuvre de Dieu, du moins dans ce qui l'anime et dans ses éléments essentiels.

Ceci étant, il sera opportun et sage de découvrir et d'approfondir l'économie de communion telle que le Ciel l'a projetée et inspirée et telle qu'ici-bas nous l'avons conçue et organisée. En d'autres termes, selon l'éclairage apporté par ce don de Dieu qu'est le charisme de l'unité, source, moteur et nourriture de notre mouvement tout entier. [...]

Nous allons examiner [quatre inspirations qui ont marqué les dix ans de vie de l'économie de communion], pour les interpréter correctement et les mettre en œuvre fidèlement. Il s'agit de la finalité de l'économie de communion, ce pour quoi elle est née; de la culture du don qui la caractérise; des « hommes nouveaux » qui ne peuvent manquer à sa gestion et de la formation absolument nécessaire à de tels hommes et femmes.

La finalité de l'économie de communion

Le nom même d'économie de communion contient sa finalité : il s'agit d'une économie qui instaure une communion entre les personnes et une communion des biens.

Comme l'économie de communion est un aspect de notre idéal, sa finalité est nécessairement contenue dans la finalité même de notre mouvement, à savoir œuvrer en vue de l'unité et de la fraternité de tous les hommes pour devenir un seul cœur et une seule âme grâce à la charité réciproque, selon le vœu exprimé par la prière de Jésus au Père : « Que tous soient un. »

L'unité peut se réaliser grâce à la spiritualité de l'unité qui nous caractérise.

Une des indications, que nous croyons venues d'en haut, est exprimée dans un écrit de 1991, année de la naissance de l'économie de communion, à propos de sa finalité :

« [Je le dis] pour la gloire de Dieu, l'économie de communion est née pour faire renaître l'esprit et le mode de vie des premiers chrétiens: "Ils n'avaient qu'un cœur et qu'une âme... et nul parmi eux n'était indigent" (cf. Ac 4,32-34).»

La culture du don

[...] Nous avons interprété la culture du don de manière un peu simpliste et réductrice. Cela ne signifie pas seulement, en effet, se priver de quelque chose pour le donner. Par ces mots, on veut plutôt indiquer la culture typique que notre mouvement apporte et irradie dans le monde: la culture de l'amour.

Parler de culture de l'amour, c'est parler de l'amour évangélique, qui est profond et exigeant. Celui qui veut vivre cet amour, synthèse de toute la Loi et des Prophètes, et donc de l'Écriture, ne peut se dispenser de vivre l'Évangile tout entier. [...]

En 1992, nous écrivions: «Nous devons donner, donner, mettre en œuvre le "don". Faire naître et grandir la culture du don. Donner ce que nous avons en trop, et même le nécessaire si le cœur nous l'inspire. Donner à ceux qui sont dans le besoin, en sachant que cet investissement produit des intérêts très élevés. Car notre don ouvre les mains de Dieu dont la providence nous remplit d'une mesure sans mesure afin que nous puissions donner encore en abondance, recevoir encore et ainsi soulager les innombrables nécessités d'une multitude de pauvres.»

La cause de l'économie de communion exige, non seulement l'amour pour les pauvres, mais aussi pour tous les hommes. La spiritualité de l'unité qui l'inspire suppose un amour qui s'adresse à tous les acteurs de l'entreprise. Nous écrivions à ce propos: «Donnons sans cesse: sourire, compréhension, pardon, écoute attentive. Donnons notre intelligence, notre volonté, notre disponibilité. Donnons nos expériences, nos aptitudes. Donner : que ce mot d'ordre nous interpelle sans relâche. » [...]

Tout au long de ces années, en outre, l'exemple et les paroles de certains saints n'ont pas manqué de nous encourager à donner au sens propre, à donner concrètement.

Saint Basile affirme : « Le pain que tu mets de côté appartient à l'affamé. Le manteau que tu conserves dans ta malle appartient à l'homme nu ; l'argent que tu caches appartient à l'indigent. Tu commets autant d'injustices qu'il y a de personnes à qui tu pourrais donner tout cela. » [...]

Des hommes nouveaux

Au cours de la décennie 1991-2001, une autre exigence de l'économie de communion se fait jour, celle d'avoir et de former des hommes nouveaux.

Qui sont ces hommes nouveaux ?

Ce sont d'abord des laïcs. Les laïcs vivent aujourd'hui une époque privilégiée. [...]

Puisque le Seigneur conduit la grande histoire du monde et du cosmos en même temps que la petite histoire de chacun de nous qui sommes ses créatures, il faut se demander : qu'attend-il de nous, laïcs, en ce moment ?

L'Esprit Saint a déjà répondu de deux manières : par le concile Vatican II et par la naissance des nouveaux mouvements dans l'Église.

Le Concile nous dit que les laïcs peuvent se sanctifier là où ils sont dans le monde. En tant qu'ouvriers, employés, professeurs, politiques, économistes, chauffeurs, femmes au foyer, et ainsi de suite.

Et là où ils sont, ils doivent christianiser (c'est-à-dire renouveler par l'Évangile) les différents secteurs de la vie humaine, par l'exemple et par la parole, parce que l'Esprit Saint leur a donné justement des dons appropriés.

Les différents mouvements offrent aux laïcs des chemins pour les aider à réaliser ce que le Concile leur demande, c'est-à-dire se sanctifier en animant les réalités humaines.

C'est la tâche qui leur incombe tout particulièrement et qu'ils accomplissent au moyen de l'Évangile, en vivant intégralement l'Évangile.

Les mouvements ont pour caractéristique d'offrir à leurs membres le caractère radical d'une vie authentiquement évangélique. Une telle vocation les élève à une très haute dignité. [...]

Qu'est-ce qui caractérise ces « hommes nouveaux » ?

Ce sont des hommes et des femmes à la vie intérieure profonde et animés par une grande foi. Nous le disions en 1998 : « Si, tout en travaillant à l'économie de communion, nous vivons l'Évangile, [...] le Père lui-même veille sur nous. On peut alors constater que, dans le monde de l'économie de communion, il se produit de petits et grands miracles de la grâce. Des entreprises qui ont commencé avec trois ouvriers en ont maintenant deux cents. Des entreprises sur le point de fermer, et qui espèrent quand même tenir jusqu'au lendemain, reçoivent les moyens financiers pour se redresser. C'est Quelqu'un d'autre, c'est en quelque sorte une caisse qui n'est pas dans notre bureau, une caisse céleste qui s'ouvre au moment opportun.»

La formation

Pour sa mise en œuvre, l'économie de communion nécessite, par conséquent, une claire finalité, la culture du don, et des «hommes nouveaux». Les hommes nouveaux sont ceux qui vivent l'Évangile dans le monde moderne, pratiquent l'amour réciproque, et adoptent la spiritualité de l'unité qui entraîne la présence de Jésus au milieu d'eux. [...]

Dans un écrit, nous posons la question: «Pourquoi l'économie de communion a-t-elle pu se développer?» et nous apportons la réponse: «Parce qu'elle est promue par des personnes du mouvement qui sont formées à notre idéal.»

Nous pourrions ajouter: pourquoi bat-elle de l'aile dans certains pays? Pour des raisons peut-être valables, mais peut-être aussi à cause d'une carence de formation à une telle culture.

C'est pourquoi il est urgent de créer des sessions de formation pour entrepreneurs, économistes, professeurs et étudiants d'économie, pour tous ceux qui composent l'entreprise. [...]

L'année qui vient doit être spécialement consacrée à la naissance des premières écoles de formation à l'économie de communion.

Notre charisme de l'unité indique cette direction. L'économie de communion aujourd'hui dans le monde l'exige. [...]

Nous ne pouvons nous empêcher de nous réjouir de ce que la spiritualité de l'unité – ou de la communion – soit devenue tout récemment, comme l'a dit une personnalité, «la base du travail de l'Église en ce moment». Jean-Paul II a écrit dans la Lettre Apostolique *Novo millennio ineunte* (janvier 2001), au paragraphe 43 :

«Avant de programmer des initiatives concrètes, il faut *promouvoir une spiritualité de la communion* [...]. Une spiritualité de la communion, cela veut dire la capacité d'être attentif à son frère dans la foi, le considérant donc comme "l'un des nôtres", pour savoir partager ses joies et ses souffrances, pour deviner ses désirs et répondre à ses besoins [...]. Une spiritualité de la communion, c'est aussi la capacité de voir surtout ce qu'il y a de positif dans l'autre, pour l'accueillir [...] comme un don de Dieu : un "don pour moi" [...]. Une spiritualité de la communion, c'est enfin savoir "donner une place" à son frère, en portant "les fardeaux les uns des autres" (Ga 6,2)».

L'économie de communion a pu se développer parce qu'elle est née dans le contexte d'une culture particulière, la culture de l'amour, qui exige la communion et l'unité, annonce un monde nouveau, forme un peuple nouveau, constitue une culture nouvelle porteuse des valeurs qui nous tiennent le plus à cœur. [...]

Chiara LUBICH,
Castel Gandolfo, 5 avril 2001

ADRESSES UTILES

Mouvement des Focolari et économie de communion:

Site international du mouvement: www.focolare.org
Site du mouvement en France : www.focolari.fr
Site du mouvement en Belgique : www.focolare.be
Site du mouvement en Suisse : www.fokolar-bewegung.ch
Site économie de communion: www.edc-online.org

Les mémoires et thèses sur l'économie de communion (la plupart en italien ou en anglais) sont accessibles par ces sites ou directement sur: http://tesi.ecodicom.net

Contact pour l'économie de communion en France:
edc@focolari.fr
Contact pour l'économie de communion en Belgique :
centrederencontres.unite@skynet.be
Contact pour l'économie de communion en Suisse :
baar.f@fokolar.ch

L'association Arc-en-Ciel – 41, rue Boileau 75016 Paris – recueille les dons des entreprises et des particuliers pour les buts de l'économie de communion.

TABLE DES MATIÈRES

Dédicace 7

Introduction 9

I. Proposition 13

– Source d'une pratique économique (Chiara Lubich, Italie) 15

– Dimension nouvelle (Alberto Ferrucci, Italie) 23

II. Brésil : entreprises pionnières 35

– Créer une entreprise (Ercilia Fiorelli, Brésil) 37

– Partage et compétitivité (R. et H. Leibholz, Brésil) ... 41

– Un don qui engage (François Neveux, France) 45

III. Exploitations familiales agricoles 55

– Un choix qui dynamise (J.-M. et P. Besson, Suisse) ... 57

– Partage des tâches (Philippe Picard, France) 61

– Les abeilles et le fisc (Catherine Sallier, France) 67

IV. Industrie et services 75

– Deux associés sur trois (Ph. et P. Pregardien, Belgique) ... 77

– *Un cabinet d'architecture (Giovanni Nobile, Suisse)* 81
– *L'associé caché du laboratoire (C. et Cr. Marques, Portugal)* 83
– *Clients et concurrents (Frédéric Dupont, France)* 87
– *Emploi des exclus (Coopératives Tassano, Italie)* 93

V. Face à l'épreuve 99
– *Premier échec (Olivier Benoît, France)* 101
– *La maladie (Piet Heyse, Belgique)* 105

VI. Philippines : entreprises « leaders » 109
– *Banque et providence (T. et F. Ganzon, Philippines)* 111
– *Management et communion (Tita D. Puangco, Philippines)* 117

VII. Autres contributions 129
– *Points de repère (collectif)* 131
– *Soutien à la création d'entreprises (H.-W. Schorn, Allemagne)* 137
– *Histoire d'une thèse (Markus Ressl, Autriche)* 143

VIII. Finalités 149
– *Avec les plus pauvres (Vera Araújo, Brésil)* 151

IX. Regards d'économistes 167
– *Le don dans la pratique économique (Michel Krempper, France)* 169
– *Face à la mondialisation (Manuela Silva, Portugal)* 177

X. Approfondissements 189
– *Dans l'histoire de la pensée économique (Luigino Bruni, Italie)* 191
– *Culture du don (Vera Araújo, Brésil)* 197
– *Quatre aspects importants (Chiara Lubich, Italie)* 205

Adresses utiles 213

DANS LA MÊME COLLECTION

La collection « Vie des Hommes » est la pointe avancée des éditions Nouvelle Cité dans le domaine des questions de société.

Avec jusqu'ici une vingtaine de volumes, elle aborde les questions les plus diverses.

Par ordre alphabétique de titres :

À la rencontre des personnes de la rue, « Aux captifs, la libération », Jean-Guilhem XERRI et Pierre-Olivier BOITON
Amour, famille et unité, CHIARA LUBICH
Art de vivre sa fertilité (L'), JOSEF RÖTZER
Aujourd'hui des droits de l'homme (L'), GUY AURENCHE
Avec amour et vérité, GÉRARD DEFOIS
Des nouveaux prêtres, ANDRÉ CABES et FRANÇOIS VAYNE
Dynamique de l'intimité (La), YVES BÉGIN, 2e édition
Économie de communion, des entreprises osent le partage, MOUVEMENT DES FOCOLARI, nouvelle édition 2008
Église de Jean-Paul II face à l'Europe (L'), JEAN CHELINI
Entreprise au risque de l'Évangile (L'), témoignages et réflexions, Notre-Dame de Pentecôte, La Défense, JEAN-PAUL LANNEGRACE et PATRICK VINCIENNE
Filles de Job, TATIANA GORITCHEVA
Lutter autrement, COLLECTIF, 2e édition (15e mille)
Mémoire des jours 1980-1985 (La), ROBERT MASSON

Mort-espoir (La), GILBERTE NIQUET
Nouveaux enfants (Les), FRANÇOISE LAROCHE
Pour une économie de communion, COLLECTIF, 2e édition
Profession assistante sociale, Écrits professionnels, volume 1, textes publiés de son vivant, MADELEINE DELBRÊL (Œuvres complètes, tome V)
Reprendre souffle, JEANNINE MARRONCLE
Retour de l'évêque prodigue (Le), MGR MILINGO, entretien avec Michel Zanzucchi
Risque éducatif (Le), LUIGI GIUSSANI, nouvelle édition
Séparés, divorcés, une possible espérance, PAUL SALAÜN, 3e édition
Séparés, divorcés, le chemin du pardon, PAUL SALAÜN
Service social entre personne et société (Le), Écrits professionnels, volume 2, textes publiés de son vivant, MADELEINE DELBRÊL (Œuvres complètes, tome VI)
Transmettre l'amour, PAUL LEMOINE, nouvelle édition 2007
Travail demain, un privilège? (Le), ÉTIENNE VIGNON et PIERRE LECOMPTE
Un combat pour la vie, JEAN TOULAT
Voulez-vous de nous? (Quelle place dans la société pour les personnes en situation de handicap mental?), JULIEN PERFUMO

Pour être tenu informé des publications des éditions Nouvelle Cité et recevoir notre catalogue, veuillez adresser vos coordonnées à :

Éditions Nouvelle Cité
Domaine d'Arny
91680 Bruyères-le-Châtel
France

ou à :

editions@nouvellecite.fr

NOM :...
Prénom :...
Adresse :..
....
Code postal :..
Ville : ....
Pays : ....
email :...

Je souhaite être informé(e) des publications de la maison d'éditions Nouvelle Cité.

www.nouvellecite.fr

CET OUVRAGE
A ÉTÉ ACHEVÉ D'IMPRIMER
PAR L'IMPRIMERIE FLOCH
À MAYENNE EN DÉCEMBRE 2007
POUR LE COMPTE DES
ÉDITIONS NOUVELLE CITÉ
DOMAINE D'ARNY
91680 BRUYÈRES-LE-CHÂTEL

ISBN 978-2-85313-534-4
N° d'impr. 70026.
D.L. : janvier 2008.
(Imprimé en France)